# Mi Expe

MW01688720

# Dios en el Trabajo

Mike y Debi Rogers

Traducido por
Josie de Smith

Editor de la versión al español:
Mario Martínez

EDITORIAL

EDITORIAL MUNDO HISPANO

**EDITORIAL MUNDO HISPANO**
Apartado Postal 4256, El Paso, TX 79914 EE. UU. de A.
www.casabautista.org

**Agencias de Distribución**
**CBP ARGENTINA:** Rivadavia 3474, 1203 Buenos Aires. **BOLIVIA:** Casilla 2516, Santa Cruz. **COLOMBIA:** Apartado Aéreo 55294, Bogotá 2, D.C. **COSTA RICA:** Apartado 285, San Pedro Montes de Oca, San José. **CHILE:** Casilla 1253, Santiago. **ECUADOR:** Casilla 3236, Guayaquil. **EL SALVADOR:** Av. Los Andes No. J-14, Col. Miramonte, San Salvador. **ESPAÑA:** Padre Méndez #142-B, 46900 Torrente, Valencia. **ESTADOS UNIDOS:** CBP USA: 7000 Alabama, El Paso, TX 79904, Tel.: (915)566-9656, Fax: (915)565-9008, 1-800-755-5958; 960 Chelsea Street, El Paso TX 79903, Tel.: (915)778-9191; 4300 Montana, El Paso, TX 79903, Tel.: (915)565-6215, Fax: (915)565-1722, (915)751-4228, 1-800-726-8432; 312 N. Azusa Ave., Azusa, CA 91702, Tel.: 1-800-321-6633, Fax: (818)334-5842; 1360 N.W. 88th Ave., Miami, FL 33172, Tel.: (305)592-6136, Fax: (305)592-0087; 647 4th. Ave., Brooklyn, N.Y. Tel. (718)788-2484; CBP MIAMI 12020 N.W. 40th Street, Suite 103 B, Coral Springs, FL, 33065, Fax: (954)754-9944, Tel. (954)757-9800. **GUATEMALA:** Apartado 1135, Guatemala 01901. **HONDURAS:** Apartado 279, Tegucigalpa. **MEXICO:** CBP MEXICO: Vizcaínas Ote. 16, Col. Centro, 06080 México, D.F.; Madero 62, Col. Centro, 06000 México, D.F., Independencia 36-B, Col. Centro, 06050 México, D.F., Félix U. Gómez 302 Nte. Monterrey, N. L. **NICARAGUA:** Módulo 29 A, Centro Comercial Nejapa, Managua. **PANAMA:** Apartado E Balboa, Ancon. **PARAGUAY:** Casilla 1415, Asunción. **PERU:** Apartado 3177, Lima. **PUERTO RICO:** Calle 13 S.O. #824, Capparra Terrace; Calle San Alejandro 1825, Urb. San Ignacio, Río Piedras. **REPUBLICA DOMINICANA:** Apartado 880, Santo Domingo. **URUGUAY:** Casilla 14052, Montevideo 11700. **VENEZUELA:** Apartado 3653, El Trigal 2002 A, Valencia, Edo. Carabobo.



Clasifíquese: Educación Cristiana
Clasificación Decimal Dewey: 261.85
Temas: 1. Etica Laboral
2. Vida Cristiana

Primera Edición: 1998
ISBN: 0-311-11200-5
C.B.P. Art. No. 11200
3 M 5 98

Impreso en EE.UU. de A.

# CONTENIDO

**Introducción** 4
**Semana 1: El programa de Dios para su lugar de trabajo** 5
Día 1: El reino de Dios 7
Día 2: El programa del mundo 12
Día 3: El programa del reino 17
Día 4: El trabajador modelo 20
Día 5: El lugar de trabajo del reino 24

**Semana 2: El lugar de trabajo como Dios quiere que sea** 30
Día 1: El primer lugar de trabajo de Dios 32
Día 2: La descripción de tareas de Dios 37
Día 3: Nuestra descripción de tareas 43
Día 4: Una relación de colegas 49
Día 5: Cualidades de la relación de colegas 53

**Semana 3: El lugar de trabajo que el pecado pervirtió** 59
Día 1: Una hostil toma de poder 60
Día 2: Cómo el pecado pervierte el lugar de trabajo 63
Día 3: Efectos del pecado en el lugar de trabajo 67
Día 4: Dos puntos de vista 72
Día 5: Cuando reina la naturaleza humana 76

**Semana 4: El lugar de trabajo que Cristo restaura** 83
Día 1: Una selección de reinos 84
Día 2: Jesús, el obrero del reino 88
Día 3: Cómo restaura Cristo el lugar de trabajo 93
Día 4: Pasos hacia la restauración 97
Día 5: La experiencia de un lugar de trabajo restaurado 101

**Semana 5: El trabajador del reino** 105
Día 1: Cómo encontrar la mejor motivación 106
Día 2: Cómo desarrollar una fe práctica 111
Día 3: Una fe práctica en acción 114
Día 4: Una reputación de integridad 119
Día 5: ¡Desarrollemos integridad con un pensamiento a la vez! 123

**Semana 6: El trabajo del reino** 128
Día 1: Cómo desarrollar una estrategia de oración 129
Día 2: Cómo entablar relaciones redentoras 135
Día 3: Cómo ampliar el ámbito de nuestro testimonio 139
Día 4: Cómo descubrir las conexiones de Dios 143
Día 5: Cómo implementar una estrategia para el trabajo del reino 147

**Guía para líderes de grupos** 151

**Conozca a los autores** 160

# Introducción

Con mucha prisa usted se asea y se viste preparándose para otro día de trabajo. La cafeína de su primera taza de café empieza a hacer efecto mientras maniobra para ganarle al tráfico de la calle principal que lo lleva al centro de la ciudad. Es apenas martes, y usted ya se siente exhausto por la presión de otro día de competencia en el trabajo.

Al ir llegando a su destino siente el "ataque" de adrenalina al cual se ha hecho adicto. Otro día de "matar a los gigantes". Otro día de dar pruebas de que usted vale. Otro día de compañeros de trabajo que se quejan. Ya en su lugar de trabajo, organiza los detalles de su programa del día. Trata de negar ese sentimiento molesto, vacío, de que su vida en realidad carece de importancia en este mundo...

Desafortunadamente esto es lo que la mayoría "sentimos" en nuestro trabajo porque amoldamos nuestra vida a los programas que dicta el mundo en lugar de los que dicta el reino. ¡Existe una manera mejor de trabajar en este mundo! Le desafiamos a que deje que Dios le enseñe a colorear fuera de las líneas del pensamiento convencional y de las tradiciones humanas. ¡Dios quiere que cambiemos nuestra manera de pensar acerca del trabajo! Jesús dijo: "Si alguno quiere venir en pos de mí, niéguese a sí mismo, tome su cruz cada día y sígame" (Luc. 9:23). El programa de Dios nos llama a:

- abandonar una vida centrada en nosotros y centrarla en Dios.
- aceptar la soberanía de Dios en nuestro trabajo.
- dejar que Dios moldee nuestro carácter hasta que sea como el de Cristo.
- abandonar los principios, prioridades y prácticas humanos que están en conflicto con la voluntad de Dios.
- aceptar y depender de la provisión de Dios para nosotros.
- desarrollar relaciones redentoras por medio de las cuales Dios irradia su luz en la oscuridad.
- confiar que seguir el programa de Dios dará como resultado su bendición en nuestro lugar de trabajo.

Cuando vivimos según esta nueva perspectiva, influiremos sobre las vidas de aquellos con quienes trabajamos. ¿Por qué? Porque verán nuestras buenas obras y darán la gloria al Padre. Al ser glorificado, atraerá a otros a sí. Dios nos ofrece a cada uno una oportunidad de sumarnos a él en el cumplimiento activo de su programa, para redimir a un mundo perdido y agonizante.

El programa del reino de Dios nace de una relación de amor personal con él por medio de su Hijo, Jesucristo. ¿Tiene usted una relación de amor con Dios por medio de Jesús?

Si no la tiene, o si no está seguro de tenerla, lea la página 81 y aprenda cómo empezar a tener esa relación. Dios le ama y ya está obrando en su vida, atrayéndolo a sí. Nuestra oración es que corresponda usted a su amor y acepte a Jesús como su Salvador y Señor.

Nuestro anhelo sincero es que al estudiar este mensaje ¡elija usted vivir y trabajar según el programa del reino de Dios!

—Mike y Debi Rogers

# Semana 1

## El Programa de Dios para Su Lugar de Trabajo

Mi esposa y yo trabajábamos como misioneros en Caracas, Venezuela. En cierta ocasión tuve que viajar al interior del país en un auto nuevo que me había asignado la Junta de Misiones. En distintos puntos del país había controles militares por algunos de los cuales tenía que pasar. Por lo general aminoraba la marcha y el guardia me hacía señas para que siguiera. Sabía que podían hacerme parar para revisar lo que llevaba, y me preocupaba que pudieran requisarme el vehículo.

¡Después de dos días de viaje, no me habían parado ni una sola vez! A unos 75 kms. de mi destino final un guardia me hizo señas para que me detuviera. Revisó mis documentos, fue a la garita y volvió con otro guardia. Me pidió que llevara a éste a la ciudad donde yo iba. Al subir el guardia al coche con su rifle a su lado, oré en silencio.

Pablo, el guardia, me preguntó qué hacía yo en Venezuela. Empecé a darle mi testimonio. Sentía que Dios dirigía la conversación. El duro porte militar de Pablo empezó a desaparecer poco a poco para dar paso a la persona que verdaderamente era.

Pablo me dijo que años atrás alguien le había hablado de Jesucristo. Comentó que creía que Jesús era el Hijo de Dios, y que sabía que debía

**Esta semana:**
- dará una definición de: reino de Dios y programa del reino;
- identificará su lugar de trabajo;
- aprenderá tres verdades acerca del reino que pueden transformar su lugar de trabajo;
- observará a Jesús como el obrero modelo en el reino de Dios;
- comenzará a identificar las maneras cómo Dios quiere obrar en su vida.

seguirle. Le pregunté qué le impedía entregar su vida a Cristo.

—No puedo ser creyente, seguir siendo un guardia militar y hacer las cosas que estoy obligado a hacer. Sé que no está bien, pero tengo que mantener a mi familia. No hay otros trabajos —dijo Pablo.

Y continuó diciendo:

—Espero que Dios me perdone, pero no puedo ser una cosa y hacer otra. No sería justo con Cristo. Espero que algún día pueda darle mi vida entera.

Me sorprendió la honestidad de Pablo. Sabía que no debía tratar de convencerle de seguir un "evangelio barato". Al bajarse del auto, oré pidiendo que un día se decidiera seguir a Cristo.

Pablo sabía que aceptar el llamado de Dios a su vida, pero no actuar acorde con él sería vivir una mentira. Sabía que con Cristo como su Señor, no podía continuar viviendo como lo hacía. Sabía que tendría que abandonar su propio programa personal para seguir el programa de Dios.

¿Y usted? ¿Ha separado su vida de trabajo de su vida de fe? Cuando lo presionan a hacer algo fuera de la voluntad de Dios, ¿cómo responde? En el estudio de esta semana consideraremos tres verdades acerca del reino de Dios que pueden transformar su lugar de trabajo si se decide a colaborar con el programa del reino de Dios.

**Versículo para memorizar:**
*"Buscad primeramente el reino de Dios y su justicia, y todas estas cosas os serán añadidas"* (Mat. 6:33).

# DIA 1
## El Reino de Dios

—¿Cómo llegaste a ser presidente de esta compañía tan grande siendo tan joven? —preguntó Mike buscando el secreto del éxito fenomenal de su amigo.

—Bueno, ¡supongo que sencillamente he tenido suerte! He tenido muchos golpes de suerte en mi carrera, —respondió al contar de su supersónica llegada a la cumbre.

¿No es maravilloso oír del éxito de gente que empezó desde abajo y llegó a la cumbre? Comentaron estos éxitos enfocando las características de su personalidad, sus hábitos y su capacidad. Usaron expresiones como emprendedor, sagaz, muy activo, dinámico y un gran líder, para describir al triunfador. Rara vez se menciona a Dios como alguien que tiene algo que ver con el éxito.

Al escuchar a su amigo describir sus "golpes de suerte", Mike fue notando cómo Dios había ido obrando aunque, por lo visto, su amigo no reconocía la maravillosa gracia y actividad de Dios. Oró silenciosamente para que empezara a ver el reino de Dios a su alrededor.

*Dijo Jesús: "El tiempo se ha cumplido, y el reino de Dios se ha acercado. ¡Arrepentíos y creed en el evangelio!"* (Mar. 1:15).

### ¿QUE ES EL REINO DE DIOS?

En el corazón de la predicación y el ministerio de Cristo se destaca que Jesús tenía un programa para el reino. Cada suceso milagroso, sermón, parábola y conversación en que participaba Jesús, revelaba la obra y actividad de su Padre soberano. La majestad y autoridad de

Dios Todopoderoso estaba indiscutiblemente presente en la vida de Jesús, aunque la mayoría de la gente no lo podía reconocer.

Jesús llamó a las personas a arrepentirse. Era un llamado para que hubiera un cambio radical en la dirección de sus vidas, un cambio de estar centrados en sí mismos a estar centrados en Dios. Era un llamado a despertar de la obsesión hipnótica con la naturaleza humana, a una entrega total, sometiéndose al liderazgo de la naturaleza divina de Dios. Su evangelio del Reino restauraba la relación de las personas con Dios, conduciéndolas a esa relación en que Dios es soberano y nosotros colaboramos con él.

Los líderes judíos tenían muchos distintos conceptos del reino de Dios, incluyendo el derrocamiento del gobierno romano y el establecimiento de una nación judía. Pero Jesús dijo: "Mi reino no es de este mundo" (Juan 18:36).

† **¿Cuál de las siguientes descripciones define mejor al reino de Dios? Marque una.**

__ un movimiento político
__ un entidad social
__ un gobierno futurista
__ un territorio geográfico
__ un sometimiento a la soberanía de Dios

El reino de Dios no es un movimiento político ni una entidad social. No es un territorio geográfico. Aunque muchos creen que se trata de un gobierno futuro cuando Cristo venga, la respuesta más acertada de la actividad anterior es la última. Jesús anunció al mundo que el reino de Dios "se ha acercado" (Mar. 1:15).

¡Qué buenas noticias! El reino de Dios está aquí. ¡Está sucediendo ahora! ¡El reino de Dios es el gobierno soberano de Dios en el corazón de sus hijos!

**El reino de Dios es el gobierno soberano de Dios en los corazones de su pueblo.**

Vivimos la experiencia del reino de Dios cuando vivimos sometidos a la voluntad del Dios Todopoderoso. Dios es soberano, sea que lo reconozcamos o no como nuestro Señor y Rey. El obra en nuestras vidas aunque hayamos rechazado su soberanía, hecho caso omiso a su presencia o intentado trabajar separados de él. Piénselo:

- Dios creó un mundo hermoso y nos puso a cargo de su cuidado.
- Pecamos y luchamos contra Dios, queriendo hacer lo que mejor nos parece.
- Dios envió a su Hijo para reconciliar al mundo con él.
- Matamos a su Hijo clavándolo en una cruz.
- Dios lo resucitó de los muertos y redimió las almas de millones que se han arrepentido de sus pecados, aceptado su perdón y reconocido a Jesucristo como Señor.

A pesar de nuestra rebelión Dios aún cumple sus propósitos soberanos. Continúa trayendo a un mundo perdido en conformidad con sus propósitos porque sigue siendo el Señor de todo.

## JOSE: DE HIJO FAVORITO A ESCLAVO

Consideremos la vida y carrera de un personaje bíblico que tuvo un éxito fenomenal a pesar de lo que parecían circunstancias imposibles de superar. Se llamaba José. La vida de José demuestra que Dios permanece activo obrando en nuestra vida, ya sea que lo reconozcamos o no.

**José se encontraba en la posición perfecta de su vida para aprender el programa del reino de Dios.**

José era bisnieto de Abraham. Jacob, su padre, lo favorecía sobre sus 11 hermanos. Génesis 37-50 se dedica a narrar la historia del éxito de José. Los hermanos de José habían sentido cada vez más celos de José porque veían que su padre le daba un trato especial. José empeoró la situación cuando se jactó de dos sueños que tuvo. En sus sueños, los símbolos que representaban a su padre, madre y hermanos se inclinaban ante José. Tanto se enojaron sus hermanos que consideraron matarlo. En lugar de hacerlo, lo vendieron como esclavo a una caravana de mercaderes ismaelitas que iban rumbo a Egipto.

Desde ese momento en adelante, la vida de José cambió dramáticamente. Desaparecieron las comodidades de su hogar. José no gozaba ya de su posición de "hijo favorito". No podía correr a pedirle ayuda a Jacob, su padre. ¡No tenía a quién recurrir, sino a Dios! Podemos decir que José se encontraba en la posición perfecta de su vida para aprender el programa del reino de Dios.

✝ **¿Puede imaginar usted los pensamientos de José al caminar rumbo a Egipto detrás de los camellos? Si usted hubiera sido José, ¿qué hubiera pensado y sentido? Marque lo que usted hubiera pensado.**

__ Mis sueños nunca serán realidad.
__ Soy joven, pero no tengo futuro.
__ Debo haber pecado "en grande" para estar en este lío.
__ Dios se ha olvidado de mí.
__ ¿Otra?______________________________

## PRIMERA VERDAD ACERCA DEL REINO

La mayoría de las personas relaciona las actividades de Dios únicamente con las bendiciones. Estas bendiciones pueden ser una ganancia financiera inesperada, una sanidad física o riquezas materiales. Pero la Biblia revela que Dios obra en las vidas de las personas moldeando su carácter, guiando su destino y dando forma a su historia, aun en las épocas más difíciles. José llegó a percibir muy claramente la presencia de Dios al caminar detrás de esos camellos rumbo a Egipto. ¿Cómo lo sabemos? Porque el resto de su historia muestra a un hombre que fue colaborador de Dios. José era un hombre como cualquiera. No tenía idea de que llegaría a ser el instrumento de Dios para salvar a su familia y al pueblo escogido de Dios. ¡Pero Dios sí lo sabía!

En Egipto, José fue vendido nuevamente, esta vez a Potifar, el capitán de la guardia del Faraón. ¿Qué le pasó a José y a la casa de Potifar durante el tiempo que estuvo allí? Lea Génesis 39:2-5 que aparece en el margen.

✝ **¿Cuál fue la razón del éxito de José? Marque una respuesta.**

__ Tenía habilidad administrativa.
__ Tenía mucha educación.
__ Era muy trabajador.
__ El Señor estaba con él.

Recuerde, José era un hombre común. No tenía habilidades extraordinarias. Tenía poca escuela. José tuvo éxito porque el Señor estaba con él y bendecía todo lo que hacía. En consecuencia,

*El programa de Dios para su lugar de trabajo*

*"Pero Jehovah estuvo con José, y el hombre tuvo éxito. El estaba en la casa de su señor, el egipcio, quien vio que Jehovah estaba con él y que todo lo que él hacía, Jehovah lo hacía prosperar en su mano. Así halló José gracia ante los ojos de Potifar y le servía. Potifar le puso a cargo de su casa y entregó en su poder todo lo que tenía... Jehovah bendijo la casa del egipcio por causa de José. Y la bendición de Jehovah estaba sobre todo lo que tenía, tanto en la casa como en el campo"* (Gén. 39:2-5).

**Primera Verdad: Dios siempre está obrando a nuestro alrededor, ya sea que lo reconozcamos o no.**

Dios bendijo la casa y los negocios de Potifar aunque éste no conocía al Señor. ¡La carrera de José iba viento en popa!

Muchas veces quizá ni nos demos cuenta de que Dios está obrando. ¡Pero lo está! Aun en medio de problemas, y aun en los lugares más insólitos, como el lugar donde usted trabaja.

† **Reflexione sobre la Primera Verdad (en el margen). ¿Cuáles son algunas de las formas en que Dios está obrando en la vida de usted en este momento? Lístelas.**

________________________________________

________________________________________

**Estrategia de oración:** Tómese el tiempo para agradecer a Dios por toda su obra en la vida de usted, en el pasado y en el presente. Agradézcale su maravillosa presencia y actividad en los buenos tiempos y en los malos. Pídale que le muestre cómo está obrando en las vidas de las personas en su lugar de trabajo.

# DIA 2
## El Programa del Mundo

Manuel abrió un bufete de abogado. Estaba tratando de establecer sus honorarios y pautas para aceptar casos. Le preocupaban dos casos que estaba por tomar. Ambos clientes necesitaban un abogado y sus causas eran justas, pero ninguno de los dos tenía dinero para pagar sus servicios. Manuel consultó con un amigo abogado de más experiencia.

Piensa que ahora eres una empresa privada, Manuel —le recordó su amigo—. Tienes que ganar dinero. Esos casos te absorberán el tiempo y te impedirán poder tomar casos más lucrativos. En tu lugar, yo no caería en esa situación.

Si usted hubiera sido Manuel, ¿hubiera tomado los dos casos en cuestión?

*El programa de Dios para su lugar de trabajo*

## ¿CUAL ES EL PROGRAMA DEL MUNDO?

El programa del mundo es nuestro intento por vivir y trabajar separados de la autoridad de Dios. En lugar de buscar conocer la voluntad de Dios, buscamos nuestras propias respuestas a los problemas. El programa del mundo es impulsado por la naturaleza humana y se concentra en suplir necesidades humanas. Refleja más amor por el yo que hacia Dios.

**El programa del mundo es nuestro intento por vivir y trabajar separados de la autoridad de Dios.**

† **En el margen, lea 1 Juan 2:15, 16. El mundo está en conflicto con el Padre. Describa algunos de los conflictos.**

______________________________________________

______________________________________________

*"No améis al mundo ni las cosas que están en el mundo. Si alguno ama al mundo, el amor del Padre no está en él; porque todo lo que hay en el mundo —los deseos de la carne, los deseos de los ojos y la soberbia de la vida— no proviene del Padre sino del mundo"* (1 Jn. 2:15, 16).

La mayoría de las personas en los lugares de trabajo en la actualidad actúan de acuerdo con el programa del mundo. Los sistemas contemporáneos en el mundo profesional y de los negocios se ven influenciados y dominados por la necesidad de satisfacer a la naturaleza humana.

† **Piense en algunas maneras cómo el programa del mundo puede estar influenciando su lugar de trabajo. Prepárese para compartirlas con su grupo.**

No es fácil ser cristiano en el lugar de trabajo en la actualidad. Cotidianamente nos encontramos ante situaciones que nos llaman a reaccionar distinto de cómo el mundo reaccionaría. Si Dios forma nuestros valores, prioridades y motivaciones, nos encontraremos con frecuencia en una posición contraria a muchos de nuestros sistemas de trabajo. Estas diferencias brindan oportunidades para que otros vean a nuestro Dios.

## JOSE: DE ESCLAVO A PRISIONERO

Cuando llegó a Egipto y fue comprado por Potifar, las circunstancias de José distaban de ser ideales. Seguía siendo esclavo, aunque vivía y trabajaba en un ambiente más agradable. Las Escrituras nos dicen que “Jehovah estuvo con José, y el hombre tuvo éxito” (Gén. 39:2). Ahora bien, los esclavos no poseían nada. ¿Cómo, entonces, prosperaba? Al seguir leyendo en las Escrituras, se nota claramente que la de José no era una prosperidad de riquezas o posesiones sino una prosperidad de esfuerzo. Potifar, quien no conocía a Dios, vio que Dios bendecía el trabajo de José.

Desafortunadamente, la carrera de José estaba a punto de fracasar. Tuvo que lidiar con el acoso sexual, como lo llamamos ahora. La esposa de Potifar trató de seducirlo y él le dijo: “¿Cómo, pues, haría yo esta gran maldad y pecaría contra Dios?” (Gén. 39:9). Cuando ella acusó a José de tratar de violarla, fue encarcelado. ¡Pero éste había sido obediente a Dios! ¿Qué había pasado? ¿Le falló Dios a José?

No. Dios usó cada acontecimiento para cumplir los propósitos de su reino. José estaba abajo, otra vez. Pero no se quedó allí. Dios estaba con él, obrando estratégicamente para el bien de él, a pesar de las acusaciones de la esposa de Potifar.

*El programa de Dios para su lugar de trabajo*

† **Lea en el margen Génesis 39:21-23. ¿Cómo consiguió José congraciarse con el carcelero? Marque la respuesta correcta.**

__ José por fin tuvo un golpe de suerte.
__ El Señor hizo que José hallara gracia a los ojos del carcelero.
__ José le hizo favores especiales al carcelero.
__ Potifar recomendó su promoción.

*"Pero Jehovah estaba con José; le extendió su misericordia y le dio gracia ante los ojos del encargado de la cárcel. El encargado de la cárcel entregó en manos de José a todos los presos que había en la cárcel; y todo lo que hacían allí, José lo dirigía. El encargado de la cárcel no se preocupaba de nada de lo que estaba en sus manos, porque Jehovah estaba con José. Lo que él hacía, Jehovah lo prosperaba"* (Gén. 39:21-23).

La carrera de José nuevamente prosperaba, no por sus habilidades, sino por la acción de Dios en su vida. Dios siguió bendiciendo el trabajo de José, lo que afectó su vida en la cárcel. Finalmente Dios le dio la oportunidad de interpretar los sueños de dos presos. José lo hizo, reconociendo que lo había hecho totalmente por la gracia de Dios. Les dijo: "¿Acaso no son de Dios las interpretaciones?" (Gén. 40:8).

Porque ambos sueños se hicieron realidad como lo había predicho, le pidieron a José que interpretara un sueño del Faraón quien le dijo a José: "He tenido un sueño, y no hay quien me lo interprete. Pero he oído hablar de ti, que escuchas sueños y los interpretas" (Gén. 41:15).

† **Si usted hubiera sido José, ¿cómo hubiera respondido al pedido del faraón? Marque una respuesta.**

❑ ¡Por supuesto que sí! Tendré mucho gusto en hacer esto para usted.

❑ Realmente yo no puedo hacer eso. Sólo Dios puede hacer lo que usted pide.

La mayoría de nosotros aprovecharíamos al máximo la oportunidad de mejorar nuestra reputación. Pero José dijo: "No está en mí. Dios responderá para el bienestar del faraón" (Gén. 41:16).

Dios dio a José la interpretación, ¡y la mejor promoción de toda su vida!

Al igual que Potifar, el faraón —no creyente— reconoció la actividad de Dios en la vida de José. preguntó a sus oficiales: "¿Podremos hallar otro hombre como éste, en quien esté el espíritu de Dios?" (Gén. 41:38) Luego el faraón habló a José, reconociendo una vez más la obra de Dios. Lea lo que dijo, en el margen de la página.

*"Puesto que Dios te ha hecho saber todo esto, no hay nadie tan entendido ni sabio como tú. Tú estarás a cargo de mi casa, y todo mi pueblo será gobernado bajo tus órdenes. Solamente en el trono seré yo superior a ti... He aquí, yo te pongo a cargo de toda la tierra de Egipto"* (Gén. 41:39-41).

Esta vez José sí recibió riquezas materiales. El faraón colocó su anillo en el dedo de José, lo vistió de rico ropaje y alhajas, y le dio un carruaje lujoso ahora que era el segundo del reino. ¡José había "llegado"!

**SEGUNDA VERDAD ACERCA DEL REINO**

Aunque José era un éxito a los ojos del mundo, logró su fama y fortuna por la voluntad de su Padre, no por su propio arduo trabajo. El éxito en el reino de Dios se define de una manera muy distinta de lo que lo definen las normas del mundo. Dios es el origen de todo éxito y fruto en la obra del reino.

**Segunda Verdad: ¡Dios cumple sus objetivos a pesar de lo que la gente hace o cree!**

**† Lea en el margen de esta página la Segunda Verdad acerca del reino. ¿Cómo ilustra esta verdad la vida de José?**

_______________________________________

† **Cuando los demás observan el trabajo de usted, ¿llegan a la conclusión de que Dios está con usted?** ❑ Sí ❑ No

† **Trace una línea para emparejar cada ejemplo del programa del mundo con la persona que representa:**

| | |
|---|---|
| conquista sexual | Potifar |
| poder | Faraón |
| prosperidad | Esposa de Potifar |

**Estrategia de oración:** Pida a Dios que le revele las áreas en que ha estado viviendo usted según el programa del mundo. Confiese su tendencia a trabajar solo (sin él). Reconozca que él es el Rey de su vida, sométase a su soberana voluntad en todo lo que haga este día.

# DIA 3

## El Programa del Reino

Leía a la luz de una vela, en una cabaña pequeñita de una sola habitación. Aunque se crió en la pobreza se le recuerda como uno de los líderes más grandes e influyentes de su país. Muchos de sus discursos reflejan su confianza en Dios, aunque los libros actuales de historia tienden a no mencionar su fe. Se llamaba Abraham Lincoln.

Antes de partir hacia Washington para asumir la presidencia, Lincoln expresó su fe a algunos de sus amigos y vecinos que se habían reunido para despedirse de él: "Confiando en él, quien puede ir conmigo, y permanecer con ustedes y estar en todas partes para bien, esperemos confiadamente que todo ha de resultar para bien."[1]

Fue un discurso improvisado, y no uno de sus más famosos. Pero al estar por asumir Lincoln la tremenda responsabilidad de la presidencia, puso su confianza en Dios quien había obrado en su vida desde sus humildes comienzos. Por medio de Lincoln, como de José, Dios hizo grandes cambios en el mundo.

## JOSE: DE PRISIONERO A LIDER

El sueño que de joven había tenido José en el sentido de que sus hermanos se inclinarían ante él, por supuesto, se convirtió en realidad cuando sus hermanos viajaron a Egipto en busca de alimentos. Ya que Dios había revelado la hambruna en el sueño del faraón, José estaba preparado, habiendo almacenado una abundancia de alimento. Para ese entonces José era gobernador y tenía la responsabilidad de vender el grano. Por la actividad de Dios en su propia vida, José pudo expresar compasión hacia sus hermanos y ofrecerles alimento.

Quizá se pregunte usted por qué querría José ayudar a sus hermanos después de todo el mal que le habían hecho. El sí que tenía buena razón para vengarse; pero no lo hizo. Sabía que Dios tenía otro programa para su vida y que había usado cada circunstancia de su vida para cumplir su misión divina. Estaba en paz sabiendo que Dios tenía todo bajo su control.

Después, Jacob y todos sus descendientes se

radicaron en Egipto para sumarse a José en su tierra adoptiva. Al morir Jacob, sus hermanos temían lo que José les haría ahora que su padre había muerto.

† **Lea en el margen de esta página lo que José le dijo a sus hermanos en Génesis 50:19, 20. ¿Puede recordar un momento cuando alguien trató de perjudicarle pero Dios lo usó para bien? Anótelo en el margen o en su diario de oración. Agradezca a Dios su protección.**

## TERCERA VERDAD ACERCA DEL REINO

La historia de José es más que la historia de un hombre que finalmente triunfó en grande. ¿Cómo podía el esclavo extranjero determinar el destino de una de las naciones más poderosas de la tierra? ¡No podía! Pero un esclavo —más Dios— pudieron cambiar el mundo. Lea la tercera verdad que aparece en el margen.

† **¿Cómo tocó Dios al mundo por medio de la obediencia de José? Lea Génesis 50:22-26; Deuteronomio 4:37, 38. Escriba un resumen de su respuesta.** ____________________

________________________________________

________________________________________

† **¿Ve cómo su obediencia a Dios puede tener un impacto en su lugar de trabajo? En caso afirmativo, escriba en el margen de la pág. 18 una lista de algunas maneras cómo puede tenerlo.**

*El programa de Dios para su lugar de trabajo*

*"No temáis. ¿Estoy yo acaso en el lugar de Dios? Vosotros pensasteis hacerme mal, pero Dios lo encaminó para bien, para hacer lo que vemos hoy: mantener con vida a un pueblo numeroso"* (Gén. 50:19, 20).

**Tercera Verdad: Dios nos toca a nosotros y al mundo que nos rodea cuando nos acercamos a él y somos obedientes a su voluntad.**

**Experimentamos el programa del reino cuando nos sumamos a Cristo en una relación de colegas en que Dios es soberano y nosotros somos colaboradores.**

Nunca fue la intención de Dios que el lugar de trabajo fuera dominado por la naturaleza humana. Dios asignó el trabajo como una extensión natural de su reino. El programa del reino no es un conjunto de reglas o principios sino el diseño de Dios para nuestras vidas cuando tenemos una auténtica relación de amor con él por medio de nuestra fe en su Hijo, Jesucristo. Experimentamos el programa del reino cuando nos sumamos a Cristo en una relación de colegas en que Dios es soberano y nosotros somos colaboradores. Jesús dijo: "Yo soy el camino, la verdad y la vida; nadie viene al Padre, sino por mí" (Juan 14:6). El nos invita a confiar en su liderazgo —en nuestra vida cotidiana al igual que para la eternidad.

**Estrategia de oración:** Abra su corazón a Dios. Pídale que le enseñe su reino y su actividad en el mundo que lo rodea. ¡Deje que el Espíritu Santo sea su maestro al empezar a seguir el programa del reino!

# DIA 4
## El Trabajador Modelo

Una versión actualizada del libro: *En Sus Pasos* por Charles Sheldon ha reavivado el interés en la pregunta: Si Jesús viviera en mi ciudad enfrentado mis decisiones, ¿qué haría?

Los personajes en el libro de Sheldon recibieron el desafío de vivir una semana según el principio enunciado en 1 Pedro 2:21: "Pues para esto fuisteis llamados, porque también Cristo sufrió por vosotros, dejándoos ejemplo para que sigáis sus pisadas." Pregúntese: Si Jesús estuviera empleado en mi lugar de trabajo, ¿qué haría?

## ¿COMO SE DESEMPEÑABA JESUS EN EL TRABAJO?

Así como Jesús es nuestro modelo de un carácter piadoso, también lo es como trabajador. Lea Juan 5:17 que aparece en el margen. Cuando Jesús vivió entre nosotros, tenía un trabajo. Trabajaba para establecer el reino de Dios en los corazones de los creyentes. Su lugar de trabajo era un mundo pecaminoso. Vino para llamar a la gente a arrepentirse por haber hecho caso omiso a la presencia y autoridad de Dios. Dio su vida para redimirnos de la pena del pecado y restaurar nuestra relación con el Padre.

¿Cómo realizó Jesús su trabajo? Quizá si supiéramos cómo se desempeñaba en el trabajo, podríamos entender mejor cómo quiere Dios usarnos en nuestro lugar de trabajo.

✝ **Lea Filipenses 2:5-8 en el margen y señale: ¿Cuál característica de usted se parece más a la actitud de Jesús en su lugar de trabajo?**

__ autoritario: mandaba y los demás obedecían sus órdenes.

__ integrante de un equipo: trabajaba para lograr que hubiera acuerdo entre sus discípulos.

__ siervo: obedecía las órdenes de su Amo.

Dios quería reconciliar consigo al mundo. La misión de Dios se cumplió por medio de la obediencia de su Hijo, Jesucristo. ¡Qué cambio ha

*El programa de Dios para su lugar de trabajo*

*"Pero Jesús les respondió: —Mi Padre hasta ahora trabaja; también yo trabajo"* (Juan 5:17).

*"Haya en vosotros esta manera de pensar que hubo también en Cristo Jesús: Existiendo en forma de Dios, él no consideró el ser igual a Dios como algo a qué aferrarse; sino que se despojó a sí mismo, tomando forma de siervo, haciéndose semejante a los hombres; y hallándose en condición de hombre, se humilló a sí mismo haciéndose obediente hasta la muerte ¡y muerte de cruz!"* (Fil. 2:5-8).

*"Respondió Jesús y les decía: —De cierto, de cierto os digo que el Hijo no puede hacer nada de sí mismo, sino lo que ve hacer al Padre. Porque todo lo que él hace, esto también lo hace el Hijo de igual manera"* (Juan 5:19).

significado para nuestras vidas la obediencia de Jesús! Por ella, ¡hemos sido salvos!

En su trabajo Jesús se desempeñaba como un siervo, siguiendo las órdenes de Dios. El sometimiento de Jesús a la soberanía de Dios era más importante que la vida misma.

**† Lea Juan 5:19 que aparece en el margen. ¿Cómo desarrolló Jesús su programa diario?** ______________________________

______________________________

______________________________

Jesús les dijo a sus oyentes judíos tres importantes verdades que le guiaban al hacer sus planes cotidianos en su lugar de trabajo:

- Mi Padre siempre está haciendo su trabajo.
- El Hijo no puede hacer nada solo.
- El Hijo hace únicamente lo que ve hacer a su Padre.

**† Compárese usted con el Trabajador Modelo. Pregúntese:**

- ¿Tengo una tarea divina encomendada por Dios que encauza mis energías en mi lugar de trabajo?
- ¿Dependo totalmente de Dios para cumplir esa tarea que me ha encomendado?
- ¿Me sumo a Dios en lo que él está haciendo o tengo mi propio programa?

Si no está seguro de sus respuestas a estas preguntas, pídale a Dios que le revele más de sí mismo y más de sus propósitos para su vida al seguir estudiando *Mi Experiencia con Dios en el Trabajo.*

## COMO TOMAR DECISIONES DEL REINO

*El programa de Dios para su lugar de trabajo*

Jesús vino para restaurar la soberanía de Dios en los corazones de su pueblo, no sólo en un reino futuro sino aquí y ahora. El programa del reino nos llama a sumarnos a Cristo en una relación de colegas en que Dios es soberano, y nosotros somos colaboradores obedientes.

Manuel, a quien conocimos el Día 2, decidió seguir el consejo de su amigo y no tomar los dos casos. Esa noche, en su hora quieta, leyó 2 Reyes 1:2, 3. Ocozías se lastimó en un accidente y mandó a sus mensajeros para que consultaran a Baalzebub, el dios de Ecrón, para saber si se recobraría. Cuando se enteró el profeta Elías preguntó: "¿Acaso no hay Dios en Israel para que vosotros vayáis a consultar a Baal-zebub, dios de Ecrón?"

Dios le habló a Manuel por medio de estas palabras; él sabía que su amigo no era creyente y que vivía según el programa del mundo. Más adelante nos dijo: "Me sentí como si hubiera consultado a Baal en lugar de consultar a Dios. Me decidí a dejar que Dios obrara en mi vida y por medio de ella y a confiarle mis finanzas." Después de considerar todo en oración, llamó a sus dos posibles clientes y les explicó que sus honorarios serían lo que ellos pudieran pagar.

Manuel descubrió que al tomar decisiones del reino el creyente tiene que consultar a Dios, no a Baal. Cuando tomamos decisiones siguiendo la dirección de Dios, él bendice nuestras actividades en la forma como sólo él puede hacerlo. Seguir el ejemplo de Jesús en el lugar de trabajo requiere que desarrollemos una relación co-

**El ejemplo de Jesús en el lugar de trabajo:**

- **Que desarrollemos una relación correcta con Dios;**
- **Andemos celosamente en sus caminos;**
- **Nos sometamos a la autoridad de Dios en toda situación.**

rrecta con Dios, andemos celosamente en sus caminos y nos sometamos a su autoridad en toda situación.

† **Trace un círculo alrededor de la palabra que indica el grado en que el ejemplo de Jesús influye sobre sus decisiones en el lugar donde trabaja.**

raramente    a veces    normalmente

† **Lea en el margen los principios de Jesús en su lugar de trabajo. Escriba a continuación una manera práctica en que usted puede usar uno de estos principios en su propio lugar de trabajo esta semana.**

________________________________________

________________________________________

**Estrategia de oración:** Dé gracias a Dios por el ejemplo de Jesús para su vida. Pídale que le ayude a someterse a su voluntad como lo hizo Jesús. Pídale que le haga percibir su actividad en su vida de trabajo a fin de poder encontrarle allí.

*"Si alguno me sirve, sígame; y donde yo estoy, allí también estará mi servidor. Si alguno me sirve, el Padre le honrará"* (Juan 12:26).

# DIA 5

## El Lugar de Trabajo del Reino

Guillermo trabaja en una escuela primaria. Su contribución al sistema educativo es importante. Es el portero de la escuela, y un obrero del reino.

Guillermo realiza su trabajo "como al Señor" ¡y se nota! Cada mañana los pizarrones están lavados, los baños están limpios y los pupitres están perfectamente alineados. Guillermo también ayuda a los alumnos a encontrar libros que han perdido. Es el consejero extraoficial de la maestra que está pasando por un divorcio. Hace las funciones de capellán en su lugar de trabajo, compartiendo su fe silenciosamente. Es lo que Jesús llamaba "sal" y "luz".

*El programa de Dios para su lugar de trabajo*

Dios está obrando en la vida de Guillermo y, a medida que colabora con él, Dios toca también las vidas de los que están a su alrededor. La escuela de Guillermo es un lugar de trabajo del Reino. Como Jesús, el trabajador modelo, Guillermo sirve a Dios sirviendo a sus prójimos.

## SECULAR *VS* SAGRADO

Los líderes religiosos de la época de Jesús tenían un concepto de la vida que limitaba la actividad de Dios. Por ejemplo, se negaban a aceptar el hecho de que Dios, a través de Jesús, sanara a alguien el día sábado. Su interpretación del mandamiento: "Acuérdate del día del sábado para santificarlo" (vea Exo. 20:8-11) era que estaba prohibido realizar cualquier tipo de trabajo el día del sábado. Así que cuando Jesús sanó a un hombre que había sido paralítico durante 38 años, le dijo que levantara su cama y caminara, y le perdonó los pecados, muchos de los que lo observaban no creían que el milagro viniera de Dios, sencillamente porque había sucedido un día sábado (vea Juan 5:1-18). Estaban ciegos a la actividad de Dios debido a su religión y cultura y a las tradiciones y opiniones generalizadas de la época. Les era imposible ver el reino de Dios sin cambiar radicalmente su manera de pensar.

¿Somos diferentes de la gente que rodeaba a Jesús cuando caminaba sobre esta tierra? ¿Acaso no hemos restringido la actividad de Dios a un área particular de nuestra vida: la iglesia? ¿No tendemos a categorizar al mundo en que vivimos como si una parte fuera secular y otra fuera sagrada?

Vamos al extremo de promover la idea de que sólo un grupo selecto de individuos se ocupa realmente de "los negocios del Padre". De hecho muchos creen que a menos que uno sea sacerdote, predicador, misionero o religioso, uno realmente no está "en el ministerio". Está fuera de nuestro pensamiento tradicional creer que Dios asigna o llama a una persona a una posición como de albañil, agente de tránsito, archivista, político, labrador, contador, científico, escritor, telefonista o terapeuta físico. Creemos que Dios no está involucrado en estos trabajos. Los llamamos "seculares" y, por ende, consideramos que son insignificantes para Dios. ¡pero son importantes para él! ¿Por qué? Porque el reino de Dios no termina a la salida del templo. El reino soberano de Dios se extiende a la oficina, la fábrica, el aula, los salones de gobierno, el quirófano, el restaurante, el laboratorio y aun a las salas de los directivos de las grandes empresas.

† **Aunque su lugar de trabajo sea considerado secular según el programa del mundo, explique cómo su trabajo puede ser considerado sagrado.** ____________________

______________________________________________

______________________________________________

## ¿DONDE ESTA MI LUGAR DE TRABAJO?

**Su lugar de trabajo viene a ser su esfera de influencia.**

Antes de seguir con el estudio, definamos lo que significa "lugar de trabajo". El lugar de trabajo es dondequiera que Dios nos haya puesto para vivir y trabajar. Viene a ser nuestra esfera de influencia. Muchas veces tenemos más de un lugar de trabajo a la vez, y podemos tener miles de ellos en el curso de la vida. Dios puede haberle asignado a usted a trabajar en su casa, en un hospital, una fábrica, una oficina, una estación de televisión o un edificio en construcción. Puede ser que usted trabaje como maestro, enfermero, dueño de un pequeño negocio, contratista o pastor. Quizá sea usted un estudiante, todavía en la escuela secundaria o en la universidad. Puede estar jubilado de su trabajo y pasar su tiempo paseando o haciendo trabajos voluntarios. Dondequiera que Dios lo ha puesto en la vida, hay personas dentro de su esfera de influencia a quienes Dios ama y anhela tener en su reino. Ese es su lugar de trabajo.

✝ **¿Dónde está su lugar de trabajo?**

______________________________________________

**¿Le resulta difícil ver a Dios obrando en su lugar de trabajo? En caso afirmativo, ¿por qué?** ______________________

______________________________________________

Una lección esencial del programa del reino es

*"—Después de esto, Jesús se manifestó otra vez a sus discípulos en el mar de Tiberias. Se manifestó de esta manera... Simón Pedro les dijo: —Voy a pescar. Le dijeron: —Vamos nosotros también contigo. Salieron y entraron en la barca, pero aquella noche no consiguieron nada. Al amanecer, Jesús se presentó en la playa, aunque los discípulos no se daban cuenta de que era Jesús. Entonces Jesús les dijo: —Hijitos, ¿no tenéis nada de comer? Le contestaron: —No. El les dijo: —Echad la red al lado derecho de la barca, y hallaréis. La echaron, pues, y ya no podían sacarla por la gran cantidad de peces"* (Juan 21:1, 3-6).

que usted no puede hacer nada de valor para el reino aparte de la obra de Dios por medio de usted. Dios anhela tener una relación de amor con usted. Cuando tiene esa relación, esa conexión con él, él hace que su vida sea fructífera para su reino, sean cuales fueren sus circunstancias.

† **Lea en el margen Juan 21:1, 3-6. ¿Qué pasó cuando los discípulos pescaron siguiendo las indicaciones de Jesús?**

________________________________________

________________________________________

¡Imagínese la audacia! ¡Un carpintero indicándoles a pescadores de toda la vida cómo pescar! Los discípulos pudieron haberle dicho a Jesús: "Nosotros sabemos más de pesca que tú. Quizá tú sepas mucho de evangelismo y discipulado pero ¡nosotros sabemos de pesca!"

En cambio, los discípulos demostraron su sometimiento a la autoridad soberana de su Maestro en su lugar de trabajo y colaboraron con él. ¿El resultado? ¡Trabajo fructífero!

† **¿Tiene usted una auténtica relación de amor con Dios?** ❑ Sí ❑ No

Si su respuesta es negativa, o si no está seguro, lea ahora la página 81.

**Estrategia de oración:** Dígale a Dios que quiere entablar una relación personal con él. Concuerde con Dios en que él es Rey, y que, aparte de él, usted no puede hacer nada de valor para el reino. Pídale que le muestre cómo ha estado obrando en su vida. Tómese un momento para agradecer a Dios por su obra en todos los buenos tiempos y en los malos y, especialmente cuando usted ni lo notaba.



✝ **En sus palabras, compare el programa del reino con el programa del mundo.**

| | **Mundo** | **Reino** |
|---|---|---|
| El "jefe" | __________ | __________ |
| El propósito | __________ | __________ |
| El resultado | __________ | __________ |

✝ **A continuación escriba tres verdades acerca del reino (pp. 11, 16 y 19).**

______________________________

______________________________

______________________________

[1]Donald T. Phillips, Lincoln on *Leadership* (Lincoln sobre Liderazgo) (New York: Warner Books, 1992), 150.

# Semana 2

## El Lugar de Trabajo como Dios Quiere que Sea

**Esta semana:**

- identificará usted la intención original de Dios para el lugar de trabajo;
- uno de los enfoques será desarrollar una relación de amor con Dios;
- distinguirá entre la descripción de tareas de Dios y su descripción de tareas en su lugar de trabajo;
- evaluará el grado de su relación de colega con Dios.

**Versículo para memorizar:**
*"Yo he venido para que tengan vida, y para que la tengan en abundancia"* (Juan 10:10).

Julio necesitaba un nuevo director de operaciones para su empresa de calefacción y aire acondicionado. Había recibido muchos *currículum vitaes* y entrevistado a varios candidatos. Pero no decidía a quién emplear. El puesto de director de operaciones era el más crítico de la compañía, siendo responsable de los aspectos relacionados con las reparaciones y nuevas instalaciones. Dicha persona tenía que ser un buen administrador y capaz de fomentar la colaboración entre los diferentes grupos de trabajadores. El éxito futuro del negocio podía depender de la eficacia del trabajo de esta persona.

Julio se llevó a casa el archivo de solicitudes de empleo y estudió los resumés uno por uno. De pronto, se dio cuenta de que no había estado orando sobre esta decisión. Se puso a orar y luego se quedó dormido en su silla. Ya entrada la noche Julio se fue a la cama. Sin saber por qué, pensó en Esteban. Aunque no era creyente los unía una amistad de años. "Esto es ridículo", pensó Julio. "Esteban tiene un empleo buenísimo y probablemente no tenga ningún interés." Pero mientras más lo pensaba, más se convencía de que Esteban sería ideal para ese puesto. Casi no podía volver a dormir.

*El lugar de trabajo como Dios quiere que sea*

A la mañana siguiente, Julio llamó por teléfono a Esteban. Le sorprendió enterarse de que Esteban estaba insatisfecho en su trabajo. Le ofreció el puesto y Esteban aceptó. Más adelante, Julio le dijo a Esteban que creía que Dios le había guiado a llamarle por teléfono. Y siguió comentándole las evidencias del obrar de Dios en la empresa. Al cabo de un tiempo, Esteban entregó su vida a Cristo como resultado de ver el andar diario de Julio con el Señor.

Esta semana tendremos la experiencia de comenzar un cambio paradigmático en nuestro concepto del trabajo al ir aprendiendo sobre el lugar de trabajo como Dios quiere que sea. De seguro que más inconversos seguirían a Cristo si observaran a Dios obrando en las vidas de sus amigos cristianos y comprendieran que Dios está obrando también en sus vidas.

Es imposible entender el error en el lugar de trabajo actual hasta no verlo como Dios lo planeó. La muestra más clara del diseño de Dios para el trabajo se encuentra en el jardín del Edén antes de la caída del ser humano.

Observemos ese lugar de trabajo singular y pidámosle a Dios que nos revele una manera nueva y radical de ver el trabajo que hacemos, sea cual fuere éste. Aceptemos nuestra vida de trabajo como un encargo de Dios y luego tengamos la experiencia de la "vida abundante" que Jesús prometió. El versículo para memorizar esta semana será nuestro guía.

# DIA 1

## El Primer lugar de Trabajo de Dios

Yo [Mike] manejaba mi coche rumbo a casa a la hora de más tránsito —¡otra vez frenar y volver a acelerar en medio de un mar de autos! ¡Seguramente la vida es más que esto!— pensé. Me sentía exhausto. Estaba obsesionado con mi trabajo. Me había convertido en un fanático del trabajo, dispuesto a todo con tal de triunfar.

Mis pensamientos se volvieron a uno de mis pasatiempos mentales favoritos. Me montaba en una poderosa motocicleta y salía velozmente por la carretera, con el viento de frente. Nada de exigencias, nada de politiquería en el trabajo, nada de jefes... ¡sólo aire puro y libertad!

Al recordarlo, me doy cuenta que trabajaba según el programa del mundo. Necesitaba una nueva perspectiva de Dios, del trabajo y de mí mismo. No sabía que Dios originalmente había diseñado el trabajo para que fuera una experiencia agradable y llena de satisfacciones.

*"El séptimo día Dios había terminado la obra que hizo, y reposó en el séptimo día de toda la obra que había hecho. Por eso Dios bendijo y santificó el séptimo día, porque en él reposó de toda su obra de creación que Dios había hecho"* (Gén. 2:2, 3).

**DIOS ES UN TRABAJADOR**

Nuestra primera presentación de Dios en Génesis 1 y 2 es de Dios trabajando. El trabajo es una parte de la naturaleza de Dios. Porque fuimos creados a la imagen de Dios, el trabajo es también una parte esencial de quiénes somos nosotros.

✝ **Lea en su Biblia el capítulo 1 de Génesis. ¿Cuáles son las palabras de acción que describen las actividades de Dios?**

______________________________________________

______________________________________________

*El lugar de trabajo como Dios quiere que sea*

✝ **¿Qué palabras describen la calidad de su trabajo? (v. 31)** ______________________

______________________________________________

A lo largo del relato de la creación observamos a Dios en el trabajo hablando, planeando, poniendo en orden las cosas, creando, dando alimentos y bendiciendo todo lo que había hecho. ¡Su trabajo era siempre de la mejor calidad! "Dios vio todo lo que había hecho, y he aquí que era muy bueno" (Gén. 1:31).

¿Por qué es importante reconocer que el trabajo es parte de la naturaleza de Dios? Porque Dios, que es hoy el mismo que fue ayer, obra en nuestras vidas y lugares de trabajo tal como lo hizo en el principio. Anhela lo mejor para nosotros, y sigue creando e iniciando todo lo que es "bueno". No es un dueño ausente, sino uno involucrado activamente en nuestro trabajo.

*"El que en vosotros comenzó la buena obra, la perfeccionará hasta el día de Cristo Jesús"* (Fil. 1:6).

✝ **Lea en el margen Filipenses 1:6 y 2:13. ¡Dios está trabajando en usted! ¿Cuál es una buena obra que Dios anhela completar en usted?** ______________________

______________________________________________

*"Dios es el que produce en vosotros tanto el querer como el hacer, para cumplir su buena voluntad"* (Fil. 2:13).

¡Dios siempre está trabajando! Jesús trabajó aquí en la tierra. En la semana 1, día 4, notamos que Jesús dijo: "Mi Padre hasta ahora trabaja;

también yo trabajo" (Juan 5:17). Jesús sigue trabajando en el cielo, intercediendo por usted y por mí. Lea en el margen Hebreos 7:24, 25.

*"Pero éste [Jesús], porque permanece para siempre, tiene un sacerdocio perpetuo. Por esto también puede salvar por completo a los que por medio de él se acercan a Dios, puesto que vive para siempre para interceder por ellos"* (Heb. 7:24, 25).

Necesitamos volver a tener una actitud correcta hacia Dios, con la experiencia de un sentido de maravilla y portento, ante la inspiración y creatividad de Dios trabajando en nuestras vidas. Necesitamos percibir su presencia y pedir su perdón por vivir y trabajar como si él no existiera.

## LA INTENCION DE DIOS PARA EL LUGAR DE TRABAJO

Un claro retrato de la intención de Dios para el lugar de trabajo nos es revelado en el lugar de trabajo que creó antes de la caída del ser humano en el jardín de Edén. Dios no era el único trabajador en el primer lugar de trabajo. Adán y Eva colaboraron con él como colegas. Al decir colegas no queremos significar que fueran iguales a Dios. Dios está por sobre toda autoridad y habilidad humana. Pero sí trabajaron junto con Dios.

✝ **Lea en su Biblia Génesis 1:27, 28. En sus propias palabras, describa el trabajo que Dios asignó a Adán y Eva.**

________________________________________

________________________________________

**No es la naturaleza del trabajo que realizamos lo que hace que éste sea sagrado o secular —más bien, es la naturaleza de nuestra relación con Dios.**

En Génesis 2, a Adán se le asignaron obligaciones específicas. Era jardinero, horticultor, agricultor y zoólogo. Diríamos que Adán tenía un empleo secular. Pero en el primer lugar de trabajo de Dios, no había distinción entre lo secular y lo sagrado. El trabajo de Adán era santo. ¿Por qué? Porque tenía una relación correcta con Dios. No es la naturaleza del trabajo que realizamos lo que hace que éste sea sagrado o secular; más bien, es la naturaleza de nuestra relación con Dios.

La Biblia enseña que todo trabajo (con excepción del que obviamente es pecaminoso), si es efectuado para la gloria de Dios y con una relación real laboral con Dios, puede ser un trabajo sagrado, apartado para los propósitos de Dios y su gloria. ¿Se da cuenta de lo que esto significa? Quiere decir que el portero de una escuela tiene un encargo divino tan importante para Dios como el de su hermano que es pastor de una iglesia grande en la ciudad. La maestra de escuela tiene una misión divina tal como la tiene su hermana que está en los negocios de Dios como misionera en Bangladesh.

Nuestra naturaleza humana intenta separar el trabajo en categorías, como ser: secular y sagrada. La gente adjudica valor a posiciones, clasificándolas según un concepto humano de lo que es importante en lugar de hacerlo según la voluntad revelada de Dios. Con razón luchamos con las palabras de Cristo al expresar los pensamientos de Dios acerca de la importancia jerárquica de una posición: "Los últimos serán primeros, y los primeros últimos" (Mat. 20:16).

El lugar de trabajo como Dios quiso que fuera es un ejemplo de cómo deben ser las cosas en el reino de Dios. Al decir de Pablo: "Porque el reino de Dios no es comida ni bebida, sino justicia, paz y gozo en el Espíritu Santo. Porque el que en esto sirve a Cristo, agrada a Dios y es aprobado por los hombres" (Rom. 14:17, 18).

**Un trabajo es santo cuando Dios lo encarga, y cuando él está presente y activamente involucrado en el mismo.**

Con la excepción de que un trabajo sea inmoral, poco ético o contrario a la voluntad de Dios, es santo si el trabajador tiene una relación correcta con Dios. Cuando existe este tipo de relación, el trabajo se convierte en una oportunidad de tener una experiencia con Dios.

† **¿Qué hace que un trabajo sea santo? Marque todas las respuestas correctas.**

__ Trabajar para una iglesia u otro grupo religioso.
__ Dios está presente e involucrado en el trabajo.
__ Dios encargó el trabajo.

† **¿Qué tipos de trabajos pueden ser santos? Marque los que se aplican.**

| | | |
|---|---|---|
| __ músico | __ agricultor | __ vendedor |
| __ ladrón | __ político | __ gerente |
| __ contador | __ prostituta | __ chofer |

## DIOS BUSCA UNA RELACION PERSONAL DE AMOR

Evidentemente, Dios hizo un hábito de pasear "en el jardín en el fresco del día" con Adán y Eva (Gén. 3:8). Esta frase ofrece un hermoso retrato de una relación íntima entre la humanidad y el Creador. Dios buscaba esa relación con Adán y Eva. No esperaba la iniciativa de ellos. Ellos tenían el privilegio de disfrutar de comunión con Dios a invitación de él.

Usted fue creado para vivir y trabajar en comunión con Dios. Su destino sobre la tierra se define en términos de una relación viva, dinámica y cotidiana con él. Dios quiere que usted pase tiempo con él, que muestre su dependencia de él y que exprese su amor y alabanza a él.

**Estrategia de oración:** Dé gracias a Dios por haber hecho posible que tenga una relación personal con él. Dele gracias por la oportunidad de realizar un trabajo santo: apartado para sus propósitos y para su gloria. Ore pidiendo sinceramente que sus propósitos se cumplan en su lugar de trabajo y en su vida. Pídale a Dios que le muestre lo que está haciendo alrededor suyo para poder sumarse a él en el trabajo de él hoy.

*El lugar de trabajo como Dios quiere que sea*

# DIA 2

## La Descripción de Tareas de Dios

Nuestra amiga Carmen es ama de casa. Hace poco, su hijito de dos años la sorprendió con la siguiente declaración:

—¡Yo soy el jefe y tú eres el bebé!

No pudiendo creer lo que había oído, le preguntó:

—¿Qué dijiste?

—Que yo soy el jefe y tú eres el bebé, —volvió a afirmar el pequeño.

Carmen disimuló sus ganas de reír ante el intento del niño de establecer nuevas reglas para su relación. Quizá usted mismo haya sonreído y pensado: ¡Es cosa de chicos! Pero el intento del pequeño de ejercer autoridad sobre su madre nos da una percepción clara de nuestra propia condición humana. Aquel niñito meramente expresaba lo que la mayoría de nosotros no quiere admitir. Revelaba su deseo de estar a cargo de su propia vida. Quería crear su propio programa.

Todos tenemos nuestros propios programas moldeados por nuestra naturaleza humana. Es la obligación de Carmen y Juan, los padres de aquel niñito, ayudarle a entender que él no es "el jefe". Así, nosotros debemos entender que Dios es "el Jefe" y nosotros somos sus "bebés".

Al empezar a entender la descripción de tareas de Dios, podemos vivir de acuerdo con su programa. Veamos cuatro aspectos del papel de Dios en nuestras vidas.

## DIOS COMO CREADOR

¿Sabe usted quién creó la vacuna contra la polio? El Dr. Jonás Salk. ¿O no? En realidad, Salk colaboró con la revelación de Dios al descubrir dicha vacuna. Todos los ingredientes para la vacuna fueron creados por Dios. Salk únicamente los combinó correctamente. Nuestro encargo es sencillamente colaborar con la revelación de Dios por medio del trabajo fiel, arduo. En nuestra vanidad, ¡nos adjudicamos el mérito de la actividad de Dios!

Dios creó a la humanidad a su imagen. Los seres humanos no somos Dios, pero en algunas maneras somos parecidos a Dios. Una de esas maneras es la creatividad. ¡Los perros no crean maneras nuevas de alimentarse! El ser humano es singular en que posee habilidades creativas. No obstante, nunca debemos confundir nuestros esfuerzos con el trabajo de Dios. Desde el principio, Dios creó toda la materia con la cual trabajáramos. Lo hizo por su amor y cuidado de nosotros. Sigue trabajando para suplir nuestras necesidades.

**✝ Lea en el margen Apocalipsis 4:11. ¿Por qué Dios es digno de recibir nuestra alabanza?**

______________________________________________

______________________________________________

## DIOS COMO INICIADOR

Dios siempre toma la iniciativa. Antes de que nada existiera, "en el principio", Dios se movía en la oscuridad informe. Adán no le propuso a Dios que lo creara. Eva no le sugirió a Dios que le diera a Adán una compañera. Dios tomó la iniciativa.

Dios siempre está obrando en nuestras vidas para dar inicio a relaciones e ideas que finalmente cumplirán sus propósitos. ¿Se acuerda de José? Las iniciativas de Dios en la vida de José dieron como resultado una serie de acontecimientos que llevaron a que una nación entera recibiera alimentos. Todos estos sucesos ocurrieron en la vida y carrera de José, no por su propia iniciativa, sino porque Dios estaba trabajando, formando relaciones y dando más sabiduría y conocimiento a José que él mismo jamás se hubiera imaginado. José sencillamente colaboró por medio de ser fiel a la voluntad de Dios.

**✝ Tómese un momento para dar el mérito a Dios por sus iniciativas en la vida de usted. ¿Qué sucesos, relaciones o ideas ha vivido que fueron el resultado de la actividad de Dios? Escriba su respuesta en el margen. Esté preparado para compartir uno o más de éstos con su grupo esta semana.**



*"Digno eres tú, oh Señor y Dios nuestro, de recibir la gloria, la honra y el poder; porque tú has creado todas las cosas, y por tu voluntad tienen ser y fueron creadas"* (Apoc. 4:11).

## DIOS COMO SOBERANO

En el primer lugar de trabajo de Dios había una relación muy especial. Era una relación de colegas entre un Creador amante (Dios) y su creación (la humanidad). La relación tenía papeles definidos claramente. No había sombra de duda en cuanto a quién era el jefe.

Porque la tierra y toda la humanidad pertenecen a Dios, él es el Soberano, el Rey de todo. Tiene el derecho de ejercer su autoridad y hacer lo que le place. Dios sabe cómo necesitamos vivir a fin de aprovechar al máximo la vida. Recuerde el versículo para memorizar de esta semana en Juan 10:10. La voluntad y los propósitos de Dios no son para ser cuestionados: son para ser obedecidos.

† **Marque las razones por las cuales un trabajador puede optar por no pedir la dirección de Dios en su vida laboral.**

__ No cree que Dios pueda revelar su voluntad.
__ No cree que a Dios le interese su lugar de trabajo.
__ No cree que Dios sepa qué hacer.
__ Se rebela no queriendo seguir la voluntad de Dios.

Ahora bien, si Dios fuera un dictador cruel, su gobierno sería inaguantable. Si fuera pecaminoso teniendo motivaciones malas, no tendríamos ningún deseo de someternos a él. Pero Dios tiene un perfecto amor. Siempre quiere lo que es lo mejor para nuestras vidas. Someternos a su autoridad soberana es un placer que da propósito y sentido de realización a la vida.

✝ **En su opinión, marque la mejor razón para someterse a la autoridad soberana de Dios.**

__ Dios me creó y sabe lo que es mejor para mí.

__ Dios me ama y cuida de mí. Me guiará a hacer lo que es mejor y correcto.

__ El mundo y todos los que lo habitan pertenecen a Dios. El tiene el derecho soberano de dirigir mi vida y mi trabajo.

__ Dios ha hecho tanto por mí que merece mi lealtad y obediencia.

## DIOS COMO SUSTENTADOR

En el primer lugar de trabajo, Dios proveyó todo lo necesario para sustentar la vida y el trabajo: agua, alimento, luz del sol, y aun compañerismo y animales amigos. Adán y Eva dependían de Dios para su cuidado. El propio grano que plantaron se originó con Dios. En la actualidad podemos producir productos híbridos, pero las primeras semillas se remontan a Génesis 1:11.

Muchos de nosotros estamos en trabajos que nos hacen creer que estamos proveyendo nuestro sustento. Podemos atribuir el éxito a nuestra inteligencia, administración del dinero, astucia en los negocios y aun a nuestra personalidad. Podemos dar mérito a nuestras conexiones, nuestra alcurnia o al hecho de que hemos estudiado con ahínco. El sustento de Dios se da por sentado o se pasa por alto.

El agricultor está en una posición envidiable. Reconoce que el destino de sus cosechas depende de las condiciones del tiempo y que no puede controlar el clima. Dios hace llover tanto sobre justos como injustos (vea Mat. 5:45). Reconocer a Dios por su sustento nos recuerda que somos los creados y que él es el Creador.



**Reconocer a Dios por su sustento nos recuerda que somos los creados y que él es el Creador.**

✝ **¿Cuáles son las materias primas o los recursos naturales de los cuales usted depende en su lugar de trabajo? Liste tantos como pueda.**

________________________________________

________________________________________

✝ **Repase algunas frases de Génesis 1 y a continuación emparéjelas, uniendo con líneas las actividades de Dios a la izquierda, con las características de Dios a la derecha:**

| | |
|---|---|
| "En el principio... Dios" | Creador |
| "Sea la luz" | Iniciador |
| "Hagamos al hombre" | Soberano |
| "Ellos os servirán de alimento" | Sustentador |
| "Dios había terminado su trabajo" | |
| "El Espíritu de Dios se movía" | |

✝ **Describa un momento en su vida cuando rechazó la soberanía de Dios en su vida y demostró ingratitud por su sustento.**

________________________________________

________________________________________

________________________________________

**Estrategia de oración:** Dé gracias a Dios por su trabajo milagroso que es la creación. Pida a Dios que le perdone por esas veces cuando se negó a aceptar verdaderamente su soberanía en su vida y trabajo. Prométale colaborar con él en el trabajo de su vida, dependiendo de su iniciativa y sustento.

# DIA 3
## Nuestra Descripción de Tareas

Nuestra amiga Beatriz estaba considerando un ofrecimiento de trabajo en una importante casa editorial. Pidió una copia de la descripción de tareas correspondiente al puesto ofrecido. Esa noche en casa se la pasó a su esposo:

—Léela y dime lo que piensas.

Después de unos minutos, él se la devolvió diciendo:

—¡Esta eres tú!

Betty tomó el trabajo y después de dos años afirma:

—Este trabajo me va como anillo al dedo. Es fantástico estar haciendo algo para lo cual me siento bien capacitada.

Cuando vivimos nuestras vidas según la descripción de tareas que Dios tiene para nosotros, sentimos lo mismo que Beatriz. ¿Cómo quiere Dios que respondamos a su descripción de tareas?

*"Y plantó Jehovah Dios un jardín en Edén, en el oriente, y puso allí al hombre que había formado. Tomó, pues, Jehovah Dios al hombre y lo puso en el jardín de Edén, para que lo cultivase y lo guardase"* (Gén. 2:8, 15).

### COLABOREMOS CON LA CREACION DE DIOS

Al crear Dios a los animales trajo cada uno a Adán. Adán colaboró con Dios dándoles nombre a todas las variadas criaturas. Era un lugar de trabajo en que Dios era soberano y el hombre era obediente. Era un lugar de trabajo santo porque Dios estaba presente, trabajando junto con Adán para que él cumpliera la voluntad divina. Así era como Dios quería que fuera. ¿Y sabe una cosa? ¡Lograron muchísimo!

Podríamos decir que ellos tenían una relación muy especial; era una relación perfecta de colegas en el reino de Dios. Dios estaba al mando (soberano) y Adán y Eva se sumaron a él en su trabajo (colaboraron).

¿Se imagina qué distinto sería el mundo si todos colaboráramos con Dios? Piense en los problemas de contaminación ambiental y calentamiento global. Hemos alterado las directivas de Dios en cuanto a sojuzgar la tierra (vea Gén. 1:28). De hecho, ¡la estamos destruyendo! Colaborar con Dios implica ser mayordomos de todo lo que nos da.

† **¿Qué hubiera sido diferente con respecto al papel de Adán en el primer lugar de trabajo si no hubiera sido colaborador sino...**

pasivo? ______________________________

agresivo? ____________________________

## RESPONDAMOS A LA INICIATIVA DE DIOS

**Dios puede iniciar cosas que usted nunca se hubiera imaginado que fueran posibles.**

En el lugar de trabajo que Dios ideó originalmente, el trabajo era una oportunidad para que Adán y Eva tuvieran una experiencia con Dios. Dios inició su obra creativa y ellos fueron ayudantes y colaboradores dispuestos.

Dios quiere guiarle, no seguirle, en su lugar de trabajo. Tenemos la tendencia de trazar nuestros propios planes y pedir a Dios que nos ayude a llevarlos a cabo. Dios puede iniciar cosas que usted nunca se hubiera imaginado que fueran posibles. Puede ordenar las circunstancias y crear oportunidades que usted no tomaría en cuenta. La forma como Jesús cumplía la voluntad de su Padre era esperar y ver a su Padre trabajar y sumarse a él. Reconocer estos encargos como dados por Dios depende de la calidad de su relación con él.

*El lugar de trabajo como Dios quiere que sea*

✝ **¿De quién recibió Adán los encargos para su trabajo?**

__ Eva __ la naturaleza
__ Dios __ él mismo

✝ **¿De quién recibió Jesús los encargos para su trabajo?**

__ los discípulos __ María, su madre
__ César __ su Padre (Dios)

✝ **¿De quién recibe usted los encargos para su trabajo?**

__ su cónyuge __ usted mismo
__ su supervisor __ Dios

✝ **Sabiendo que Dios quiere tomar la iniciativa, ¿cómo empezaría su día en oración? Marque una respuesta o escriba la propia.**

__ "Dios, esto es lo que voy a hacer hoy. ¿Podrías por favor bendecir mi trabajo?"
__ "Señor, tú conoces las presiones que enfrentaré hoy en el trabajo. Por favor, guíame para poder saber qué hacer y cómo hacerlo en una forma que te honre y glorifique a ti."

Haga de la oración su principal estrategia en el trabajo. La oración es comunicación con Dios, usted le habla y él le habla a usted. Por medio de una relación de oración, Dios le dará instrucciones para su vida de trabajo. Le instruirá sobre lo bueno y lo malo, le dará respuestas a los problemas o le revelará maneras de lograr los resultados deseados.

**Dios le dará instrucciones para su vida de trabajo por medio de una relación de oración.**

## OBEDEZCAMOS LAS REGLAS DE DIOS

Antes de la caída, Dios expresaba su voluntad y Adán y Eva simplemente obedecían. Nadie ponía en tela de duda la autoridad de Dios, tampoco nadie negociaba, regateaba o discutía con el "Jefe". Nadie falsificaba las tarjetas de tiempo. ¿No sería el sueño de todo empleador supervisar a alguien como Adán y Eva?

**El hecho de que no reconozcamos el derecho de Dios de ejercer su autoridad en nuestro lugar de trabajo no desdice su posición soberana allí.**

Se imagina a Adán diciéndole a Dios: "¡Olvídate! No cuidaré este jardín si no me dejas comer de ese árbol. Y, ya que hablamos, sólo daré nombres a cinco animales por día. ¡No me pidas que nombre más porque entonces me sentaré aquí y se quedarán sin nombres!" ¡Poco probable!

Si le pregunta a la gente en la actualidad si Dios es soberano en su lugar de trabajo, es muy probable que digan que no, agregando que es obvio que usted no sabe cómo es ese lugar. Pero el hecho de que no reconozcamos el derecho de Dios de ejercer su autoridad en nuestro lugar de trabajo no desdice su posición soberana allí.

† **Cómo respondería usted si preguntáramos: ¿Es Dios reconocido como el jefe en su lugar de trabajo?**

__ Déjese de bromas. Nadie allí le presta atención a Dios.

__ Algunos reconocemos la soberanía de Dios, pero somos una minoría.

__ Sí, tengo un maravilloso lugar de trabajo donde Dios es considerado como el Soberano de todo.

__ ¿Otra?______________________________

Dios ha estado al mando desde el principio. Los problemas empezaron cuando hombres y mujeres se negaron a aceptar su autoridad, decidiendo tomar la posición de él como jefe en lugar de ser colegas obedientes.

## DEPENDEMOS DE SU SUSTENTO

Cuando Dios creó el primer lugar de trabajo en el jardín de Edén, puso allí todo lo que el hombre y la mujer necesitaban. Dios les dio toda planta de semilla y árboles frutales para su alimento (Gén. 1:29). Hizo a los animales para que los usaran en su trabajo (Gén. 1:26).

Dios tiene la capacidad de proveerle lo necesario para suplir sus necesidades: "Mi Dios, pues, suplirá toda necesidad vuestra, conforme a sus riquezas en gloria en Cristo Jesús" (Fil. 4:19). Pero recuerde que la palabra es necesidades no deseos. Dios obra en lo que usted necesita. Por ejemplo, si usted necesita desarrollar paciencia, Dios proporcionará las circunstancias para probar los límites de su paciencia y usted mejorará en esa área.

Dios también estableció una condición para poder ser objeto de su sustento. Jesús dijo: "Por tanto os digo: No os afanéis por vuestra vida, qué habéis de comer o que habéis de beber; ni por vuestro cuerpo, qué habéis de vestir... Más bien, buscad primeramente el reino de Dios y su justicia, y todas estas cosas os serán añadidas" (Mat. 6:25, 33).

**Dios no lo llamará a usted dándole un encargo sin brindarle los recursos para llevarlo a cabo.**

✝ **Con base en Mateo 6:25, 33 recién citados, ¿cuál es la condición para ser objeto del sustento de Dios?** ______________________

______________________________________

Cuando busca usted que su primera prioridad sea que el reino de Dios gobierne, Dios suple sus necesidades. Le brinda los recursos para llevar a cabo cualquier encargo que le llama a realizar. Por otra parte, confiar en el sustento de Dios hace que usted camine por fe en Dios y no por vista.

† **Trace un círculo alrededor del número que indica el grado en que cumple usted la descripción de tareas para usted (1 equivale a muy poco y 5 a bastante bien)**

Colaboro con lo que Dios quiere hacer en mi lugar de trabajo. 1 2 3 4 5

Respondo a las iniciativas de Dios en mi lugar de trabajo. 1 2 3 4 5

Obedezco las reglas de Dios cuando estoy en mi lugar de trabajo. 1 2 3 4 5

Dependo de los recursos de Dios para hacer mi trabajo. 1 2 3 4 5

**Estrategia de oración:** Dé gracias a Dios por su actuación en su vida en el trabajo. Pídale que le muestre cómo reconocer más claramente sus iniciativas al tratar de colaborar con él en el trabajo. Ore pidiendo que pueda usarlo a usted como un instrumento para cumplir el programa de su reino en este mundo.

# DIA 4
## Una Relación de Colegas

*"Porque somos hechura de Dios, creados en Cristo Jesús para hacer las buenas obras que Dios preparó de antemano para que anduviésemos en ellas"* (Ef. 2:10).

Nuestra amiga Sara es una nueva creyente, dueña de un exitoso negocio llamado "Iniciativas". Con frecuencia nos cuenta cosas que pasan en su lugar de trabajo que sobrepasan cualquier cosa que ella o sus empleados hayan iniciado personalmente. Muchas veces reúne personas para alguna tarea o proyecto en formas que ella nunca hubiera imaginado. Sara da su opinión diciendo: "¡Es cosa de Dios!"

Cuando se encuentra usted en una relación de colegas con Dios notará con más frecuencia la actividad de Dios, y él obrará como nunca por medio suyo. ¿Por qué? Porque ahora usted es sensible a su soberana presencia y dirección.

### UNA RELACION RESTAURADA

Cristo vino para anunciar el reino de Dios, el gobierno soberano de Dios en los corazones de su pueblo. Al ir entrando en contacto con el programa del reino, Cristo comenzará a restaurarlo a una relación de colega con Dios en medio de un mundo perdido, imperfecto y pecador. Eso es lo que él quiere —¿y usted?

**La relación de colegas**

| | |
|---|---|
| Dios era creativo. | Adán colaboraba. |
| Dios iniciaba el trabajo. | Adán respondía a las iniciativas de Dios. |
| Dios era el soberano. | Adán era obediente a la voluntad de Dios. |
| Dios sustentaba. | Adán dependía del sustento de Dios. |

Reflexione brevemente en el primer lugar de trabajo— la relación ideal en el lugar de trabajo—.

✝ **¿Qué características no existían en el primer lugar de trabajo? Marque todas las que se apliquen.**

| | | |
|---|---|---|
| __ Confianza | __ Envidia | __ Papeles bien definidos |
| __ Estrés | __Paz | __ Colaboración |
| __ Confusión | __Honestidad | __ Entornos claros |
| __ Competencia | __Amor | __ Respeto |
| __ Pereza | __Justicia | __ Discusiones |
| __ Trabajo | __Descanso | __ Santidad |
| __ Creatividad | __Mentiras | __ Buenas compensaciones |

**Dios quiere restaurarnos para que tengamos una relación con él en el trabajo a través de la presencia y el poder de Cristo en nuestras vidas.**

Dios quiere restaurarnos para que tengamos una relación con él en el trabajo a través de la presencia y el poder de Cristo en nuestras vidas. En la semana 4 investigaremos cómo Cristo restaura nuestro lugar de trabajo cuando colaboramos con él.

## SENSIBILIDAD A LA DIRECCCION DE DIOS

Carlos se quedó callado en la reunión de directivos; ¡pero por dentro explotaba de ira! Su jefe presentaba acusaciones contra él al director de personal. El proyecto no se había terminado todavía, y el jefe le echaba la culpa a Carlos y sus colegas. Una vez más su jefe estaba tratando de quedar bien transfiriendo a otros la responsabilidad de su propia inercia. La mayoría de sus comentarios no se ajustaban a la verdad. Carlos estaba cansado de ser "el chivo expiatorio". ¡No era justo!

*El lugar de trabajo como Dios quiere que sea*

Carlos oró en silencio. *Oh, Dios, ¿hasta cuándo tengo que seguir trabajando con este sujeto? Señor, ¿cómo quieres que yo reaccione en esta situación? No puedo discutir con mi jefe y atacarlo en frente del director de personal. Y, si lo hiciera, ¿qué lograría?*

Mientras Carlos oraba, el Señor lo consolaba tiernamente: "Carlos, no devuelvas mal por mal. Perdónale por lo que hace. Yo seré tu escudo y tu fortaleza, refúgiate en mí. La verdad triunfará. Contesta honestamente y sin malicia cualquier pregunta que te hagan. Este será uno de tus mejores momentos en la obra de mi reino porque me verán a través de tu integridad, perdón y obediencia a mis mandamientos. Tú puedes ser levadura en esta empresa. Tú decides. ¡Espero que decidas amarme a mí más que a ti mismo!"

Carlos, al dejar que su ira se fuera, sintió paz. Sabía que Dios estaba con él obrando en la situación. No sabía exactamente lo que Dios haría ni cómo los demás reaccionarían, pero sabía que Dios le estaba pidiendo que colaborara con él. Su confianza en Dios fue restaurada al encarar la confrontación de acuerdo con el programa de Dios, no el suyo propio.

**✝ Según su opinión, ¿qué debió hacer Carlos?**

__ defenderse culpando al que correspondía

__ quedarse callado mientras esperaba que Dios obrara en la situación

__ hacer saber que lo habían ofendido

__ renunciar

__ otro________________________________

**El ambiente laboral que Dios quiere no se trata de un tipo en particular de trabajo ni de un lugar en particular, sino de una relación con él en el trabajo.**

*"Vosotros sois la sal de la tierra. Pero si la sal pierde su sabor, ¿con qué será salada? No vale más para nada, sino para ser echada fuera y pisoteada por los hombres"* (Mat. 5:13).

## UNA PRESENCIA "SAZONADA"

El ambiente laboral que Dios quiere no se trata de un tipo en particular de trabajo ni de un lugar en particular, sino de una relación con él en el trabajo. Si usted es creyente, Dios tiene un encargo para usted al tratar de reconciliar al mundo con él. ¿Dónde tiene usted más contacto con gente que no conoce al Señor? Si es como la mayoría de los creyentes, probablemente conteste: "¡En el trabajo!" Dios quiere que usted se sume a él en la labor de él allí. Es un encargo estratégico.

Si tiene usted una relación diaria con Dios y ha aceptado su soberanía, entonces ya está en camino de experimentar la intención original de Dios para su vida de trabajo. Ha recibido usted una invitación a sumarse a Dios en su vida laboral a fin de que el mundo sienta la influencia de su sal.

¿Cómo será su vida de trabajo cuando Dios es soberano? Recuerde que no se trata de dónde trabaja usted ni de que el mundo lo clasifique como secular o sagrado. No depende de que labore usted con creyentes o con inconversos. Se trata de una relación muy especial que tiene con Dios por medio de Jesús en que:

- Dios es soberano, nosotros cooperamos con él.
- Dios toma la iniciativa y nosotros obedecemos.
- Dios nos proporciona todo lo que necesitamos, nosotros confiamos completamente en su sustento.
- Dios nos invita a ser sus colegas, y todo el trabajo que hacemos juntos con Dios será algo que él juzgará como bueno.
- Dios (no su creación) establece el programa.
- Dios ha elegido trabajar —para tocar al mundo.

**✝ Lea las siguientes afirmaciones y escriba una *S* para representar "Siempre", *A* para "A veces" y *N* para "Nunca" a fin de indicar con qué frecuencia cada afirmación se aplica a su vida de trabajo.**

*El lugar de trabajo como Dios quiere que sea*

__ Percibo la presencia de Dios mientras trabajo.
__ Oro a Dios y le pido que me dé las cosas que necesito.
__ Espero en Dios y confío en que él suplirá mis necesidades.
__ Siento que Dios me guía para saber qué hacer y lo que él quiere que haga.
__ Busco la dirección de Dios y miro para ver dónde está él trabajando ya, a fin de unirme a él allí.
__ En cuanto sé lo que Dios quiere que haga en mi lugar de trabajo, le obedezco.
__ Sé que Dios me involucra en el trabajo del reino.

**Estrategia de oración:** Ore acerca de sus respuestas a la actividad anterior en que ha respondido "A veces" o "Nunca". Pídale a Dios que le ayude a ser más consecuente en su dependencia de él.

# DIA 5
## Cualidades de la Relación de Colegas

*"En esto es glorificado mi Padre: en que llevéis mucho fruto y seáis mis discípulos"* (Juan 15:8).

Sandra estaba disgustada con su trabajo. Su jefe era demasiado exigente en que los proyectos se cumplieran a tiempo, sin importarle el impacto sobre los empleados. Los compañeros de trabajo de Sandra se quejaban amargamente de él, y ella se había sumado con gusto a la rueda de chismes y burlas contra él. Cierto día, en su momento de orar, Sandra confesó su estrés y sentimientos negativos sobre su trabajo. Decidió apartarse del círculo de chismes y concentrarse en desarrollar relaciones positivas con sus colegas y su jefe. Con el correr del tiempo, Sandra llegó a ser un instrumento de cambio. Las relaciones mejoraron y los proyectos siguieron cumpliéndose a tiempo.

Cuando Dios, Adán y Eva trabajaban juntos en el primer lugar de trabajo, ciertas cualidades caracterizaban su relación laboral. Cuando colaboramos con la voluntad de Dios, estas cualidades estarán presentes en cualquier encargo que él nos dé. Estas cualidades nos dan un entendimiento más claro de lo que Dios quiere para el lugar de trabajo.

## CUALIDADES DE UNA RELACION CORRECTA CON DIOS EN EL TRABAJO

**La relación de trabajo de Adán y Eva era sana y productiva.**

¿Qué podemos aprender de la relación de trabajo breve, pero muy productiva, en el jardín del Edén?

*Un orden jerárquico correcto.* Cuando Adán y Eva reconocían a Dios como Soberano, su relación de trabajo era hermosa, sana y productiva. Dios quiere ser su Soberano y que usted sea cooperador y obediente.

*Una clara división de tareas.* ¡Qué concepto increíble: Dios y el hombre trabajando lado a lado! Adán no trataba de tomarse las atribuciones de Dios. Dios daba a Adán los encargos que tenía para él. Dios obraba como el Creador e Iniciador, y Adán se sumaba a Dios al seguir sus instrucciones. En el reino, el trabajo está claramente dividido entre Dios y sus obreros.

*Confianza.* Antes de que el pecado hiciera su aparición, Dios confiaba en Adán para que cumpliera sus encargos. Imagínese, nada de contratos por escrito, nada de requisitos legales, nada de auditorías, nada de gremios, nada de relojes de tiempo, sólo una confianza sencilla de que cumpliría su tarea. De la misma manera, Adán confiaba en Dios. Confiaba en que Dios supliría todas sus necesidades, y no tenía que demandar más de lo que necesitaba. Adán confiaba en Dios porque sabía que Dios había creado toda vida y era Soberano sobre todo lo que existía. En el lugar de trabajo del reino se puede tener confianza porque Dios es digno de confianza.

*Paz y armonía.* Porque Adán y Eva vivían teniendo una relación correcta con Dios, su voluntad humana no chocaba con la voluntad de Dios, sino que se sometía a ella. Por lo tanto la armonía, y no la discordia, caracterizaba su relación. También reinaba la paz en ellos mismos y los unos con los otros, ya que el pecado todavía no era un factor. En la vida de trabajo de Adán no existía el estrés porque era totalmente obediente a Dios y vivía en comunión con él. También nosotros podemos disfrutar de una relación de trabajo que no se caracteriza por el estrés ya que experimentamos la paz que está a nuestra disposición al confiar que Dios obrará en nuestras vidas.

† **¿Qué prometió Jesús a sus seguidores en Juan 14:27? Escriba la promesa en sus palabras.**

______________________________________________

______________________________________________

*El lugar de trabajo como Dios quiere que sea*

*"La paz os dejo, mi paz os doy. No como el mundo la da, yo os la doy. No se turbe vuestro corazón ni tenga miedo"* (Juan 14:27)

*Pautas claramente definidas.* Antes de la "caída" (Adán y Eva en el Edén), la voluntad de Dios era muy clara. No había frustraciones al buscarla. No había argumentaciones. No había intentos de darle una nueva definición. Dios les dijo a Adán y Eva lo que podían y lo que no podían hacer, y ellos respetaron los entornos establecidos por él. Dios les dijo que tenían la libertad de comer de cualquier árbol en el jardín con excepción de uno —el árbol del conocimiento del bien y del mal— y cuál sería la consecuencia... ¡la muerte! (Gén. 2:16, 17). Cuando obedecemos las reglas de Dios, encontramos libertad en Cristo (Gál. 5:1).

✝ **Antes de la caída de la humanidad, ¿por qué optó Adán por no comer del árbol del conocimiento del bien y del mal? Marque la respuesta que, según su opinión, es la mejor.**

__ Tenía suficiente para comer porque Dios le había dado alimentos en abundancia.

__ No quería saber más acerca del bien y el mal.

__ Dios había establecido los entornos y Adán confiaba en que Dios sabía lo que era mejor para él.

*Sagrado.* La auténtica relación de amor que Dios, Adán y Eva compartían era lo que incidía para bien en aquel primer lugar de trabajo. Era un lugar de trabajo sagrado o santo debido a esa relación. Era sagrado porque Dios estaba activamente involucrado. Adán y Eva percibían plenamente la soberanía, la santa presencia de Dios y se comportaban acorde a esa percepción.

† **¿Por qué era sagrado el primer lugar de trabajo? Marque la mejor respuesta.**
__ Lo patrocinaba la iglesia.
__ Dios, Adán y Eva compartían una relación de amor y eran colegas.

*Regularidad en su comunicación.* Es evidente que todos los días Dios pasaba un rato con Adán y Eva. Después de que pecaron, se acercó para encontrarse con ellos en "el fresco del día", pero no se encontraban en su lugar de costumbre. Tenían vergüenza de estar con Dios. Antes de que Adán y Eva pecaran, la comunicación mantenía viva su relación.

## PRODUCIR FRUTO

La intención original de Dios fue que el trabajo resultara productivo y fructífero. Fue sólo después de que Adán y Eva pecaron que producir fruto se convirtió en algo difícil de lograr. Dios quiere que usted sea fructífero, y quiere que su fruto permanezca. Lea en el margen Juan 15:1-5. La abundancia de fruto viene de una relación íntima con Dios y de las instrucciones encontradas en su Palabra.

† **¿Ha producido su vida frutos para el reino?**
__sí __no __a veces

† **Prometa a Dios un cambio o agregado a su manera de vivir que haría que su vida fuera más fructífera.**

† **Evalúe su relación de trabajo con Dios. En una escala entre 10 (el ideal de Dios) y 0 (nuestro fracaso), ¿cómo se calificaría usted en estas características? Trace un círculo alrededor del número correspondiente bajo cada enunciado. Recuerde, esta es una**

*El lugar de trabajo como Dios quiere que sea*

*"Yo soy la vid verdadera, y mi Padre es el labrador. Toda rama que en mí no está llevando fruto, la quita; y toda rama que está llevando fruto, la limpia para que lleve más fruto. Ya vosotros estáis limpios por la palabra que os he hablado. Permaneced en mí, y yo en vosotros. Como la rama no puede llevar fruto por sí sola, si no permanece en la vid, así tampoco vosotros, si no permanecéis en mí. Yo soy la vid, vosotros las ramas. El que permanece en mí y yo en él, éste lleva mucho fruto. Pero separados de mí, nada podéis hacer"* (Juan 15:1-5).

**medida de su relación con Dios y sus normas, no de sus colegas y sus normas.**

**Orden jerárquico correcto**
10—9—8—7—6—5—4—3—2—1—0
Dios es jefe. Yo soy jefe.

**Clara división de labores**
10—9—8—7—6—5—4—3—2—1—0
Entiendo mis obligaciones. No conozco la voluntad de Dios.

**Confianza**
10—9—8—7—6—5—4—3—2—1—0
Dependo de Dios. Tengo temor.

**Paz y armonía**
10—9—8—7—6—5—4—3—2—1—0
Estoy libre de estrés. Sufro de mucho estrés.

**Pautas claramente definidas**
10—9—8—7—6—5—4—3—2—1—0
Soy obediente. Soy desobediente.

**Sagrado**
10—9—8—7—6—5—4—3—2—1—0
Mi trabajo es santo. Opero bajo motivos impuros.

**Comunicación regular**
10—9—8—7—6—5—4—3—2—1—0
Hablo con Dios. No hablo con Dios.

**Estrategia de oración.** ¿Le ha abierto Dios los ojos respecto a cómo deben ser las cosas en su trabajo al tratar de servir en su reino? ¡Confiese nuevamente su fe en su soberano poder y presencia! Haga un pacto con él de hacer cualquier cosa que le pida hoy en su lugar de trabajo. Alábele por su obra continua en su vida y en el mundo.

# Semana 3

## El lugar de Trabajo que el Pecado Pervirtió

Era el día de graduación de Carmen. El calor del sol de la tarde me tenía inquieto. Estaba sentado junto a su padre, mi buen amigo Guillermo. El orador exhortaba a los graduandos a trabajar en el mundo según principios cristianos como el amor, justicia, benignidad y honestidad. Era una escuela secundaria cristiana, así que debí haber esperado este mensaje. Pero me iba irritando más y más con sus consejos.

Le susurré a Guillermo: "¡Este tipo les está dando a los chicos sueños ilusos! La vida real les va a causar un golpe emocional. Si llegan a hacer lo que él sugiere, ¡se los comen vivos! ¿De qué planeta viene?"

Guillermo asintió con la cabeza. Le preocupaba que Carmen no estuviese preparada para las duras realidades del mundo laboral. Ambos estábamos reaccionado desde el punto de vista del programa del mundo. No podíamos valorar la sabiduría de lo que el orador decía.

Mis pensamientos volvieron a mi propio lugar de trabajo. A mi jefe lo estaban investigando por graves violaciones a los reglamentos de la empresa. Yo sabía que era culpable, como lo sabía la mayoría de mis colegas. Los días en el trabajo eran absorbidos por los chismes y las manipulaciones políticas. ¡No había forma en que Dios pudiera estar involucrado en ese lugar!

**Esta semana:**
- identificará tres maneras cómo el pecado pervierte el lugar de trabajo;
- los efectos del pecado en su lugar de trabajo;
- el contraste entre la manera cómo el mundo suple necesidades y la manera cómo lo hace Dios;
- decidirá dejar que Dios supla sus necesidades más profundas.

**Versículo para memorizar:**
*"No améis al mundo ni las cosas que están en el mundo. Si alguno ama al mundo, el amor del Padre no está en él"* (1 Jn. 2:15).

"Mi lugar de trabajo está pervertido por el pecado; no es la clase de lugar que Dios visita", pensé. Pero en ese entonces no yo conocía a Dios, aunque había sido bautizado de niño. Jugaba correctamente a los juegos religiosos, decía todo lo correcto. Pero Dios no era real para mí. No tenía una relación personal con él.

Unos meses después de aquel acto de graduación, me entregué totalmente a Jesucristo, y mi vida comenzó a cambiar. Empecé a notar el obrar de Dios en todo lo que me rodeaba, aun en mi lugar de trabajo. La corrupción era más evidente que nunca porque veía todo desde un nuevo punto de vista. Pero me di cuenta que Dios estaba conmigo, trabajando activamente para cumplir su misión.

Al mirar a su alrededor, en su trabajo, ¿qué evidencias del pecado nota? Cuando Satanás pervirtió el primer lugar de trabajo, su intención era dominarlo para siempre. En muchos ambientes laborales parece estar al mando. Esta semana examinaremos los efectos del pecado en el lugar de trabajo en un esfuerzo por distinguir más claramente entre el programa del reino de Dios y el programa del mundo. Sólo entonces podremos conscientemente escoger la relación correcta de colegas en que Dios es soberano y nosotros cooperamos con él.

# DIA 1

## Una Hostil Toma de Poder

¿Qué es lo que nos empuja a pasar por alto el bienestar ajeno para tener más ganancias? ¿Qué impulsa a los médicos a tomar a tantos pacientes que tienen que atender a cada uno apresuradamente o haciéndolos esperar?

¿Por qué se acusa a los fabricantes de cigarrillos de agregarles nicotina a fin de que los fumadores dependan más de ellos? ¿Por qué algunos abogados animan a sus clientes a presentar pleitos triviales? ¿Por qué se retiran productos nocivos del mercado sólo después de que causan la muerte de un niño? La respuesta se halla en las profundidades del corazón de cada ser humano.

¿Qué pasó con el lugar de trabajo como quería Dios que fuera? ¡Apareció el pecado en el mundo! Si hubieran estado presentes los reporteros en el jardín del Edén aquel día, hubieran reportado una hostil toma de poder del lugar de trabajo.

## EL PECADO ORIGINAL

Cuando, al principio, Dios creó el mundo y colocó a Adán y Eva en el jardín de Edén, todo era bueno. El pecado no existía en el primer lugar de trabajo. Dios les dio a Adán y Eva sólo una regla para obedecer —un límite para sus vidas—. Un fatídico día escogieron desobedecer tanto a la regla como a Dios.

✝ **Lea en los márgenes de esta página y la siguiente Génesis 3:1-6 y subraye las razones por las cuales Eva optó por desobedecer a Dios y comer del fruto prohibido.**

Eva se sentía atraída al fruto prohibido. Era agradable a sus ojos. Eva también deseó el conocimiento del bien y del mal. Adán, que estaba con ella, también escogió desobedecer a Dios. Por medio de este acto de rebelión contra Dios, el pecado apareció en el mundo y pervirtió el primer lugar de trabajo. Seguimos sufriendo las consecuencias y la herencia del pecado.

*El lugar de trabajo que el pecado pervirtió*

*"Entonces la serpiente, que era el más astuto de todos los animales del campo que Jehovah Dios había hecho, dijo a la mujer:*
*—¿De veras Dios os ha dicho: 'No comáis de ningún árbol del jardín'?*
*La mujer respondió a la serpiente:*
*—Podemos comer del fruto de los árboles del jardín. Pero del fruto del árbol que está en medio del jardín ha dicho Dios: 'No comáis de él, ni lo toquéis, no sea que muráis.'*
*Entonces la serpiente dijo a la mujer:*
*—Ciertamente no moriréis. Es que Dios sabe que el día que comáis de él, vuestros ojos serán abiertos, y seréis como Dios, conociendo el bien y el mal.*

*"Entonces la mujer vio que el árbol era bueno para comer, que era atractivo a la vista y que era árbol codiciable para alcanzar sabiduría. Tomó, pues, de su fruto y comió. Y también dio a su marido que estaba con ella, y él comió"* (Gén. 3:1-6).

*"Hijo mío, no tengas en poco la disciplina del Señor ni desmayes cuando seas reprendido por él. Porque el Señor disciplina al que ama y castiga a todo el que recibe como hijo"* (Heb. 12:5, 6).

## CONSECUENCIAS DEL PECADO

† **Lea en su Biblia Génesis 3:14-19. Liste abajo las consecuencias del pecado para:**

la serpiente____________________________

Eva____________________________________

Adán___________________________________

El temor, vergüenza, culpa y separación de Dios habían hecho su aparición en el primer lugar de trabajo debido a un pecado. Dios disciplina a los que ama. Aunque también perdona, el perdón no elimina las consecuencias del pecado. Los castigos descritos en la actividad anterior tienen graves implicaciones para el lugar de trabajo.

† **¿Cuáles son algunas de las maneras en que su vida de trabajo refleja estas condiciones?**

"con dolor comerás"____________________

"espinos y cardos" (problemas que dificultan el trabajo)______________________________

"con el sudor de tu frente"______________

________________________________________

## LA HERENCIA DEL PECADO

Si el pecado de Adán y Eva hubiera terminado allí, podríamos sencillamente dar gracias por haber aprendido una lección difícil a costa de ellos. Desafortunadamente, el pecado volvió a repetirse en la próxima generación.

† **Lea en su Biblia Génesis 4:1-12. ¿Cuáles fueron las consecuencias del pecado para:**

Abel?__________________________________

Caín?__________________________________

Dios decidió castigar a Adán a Eva y a Caín. Abel fue el primero en sufrir los efectos de un pecado que no cometió. El pecado es un "empleador que no hace diferencias", generando sufrimiento aun para los espectadores inocentes.

*El lugar de trabajo que el pecado pervirtió*

Dios demostró su misericordia y se acercó a Adán y a Eva con amor. Quiso quitarles la vergüenza confeccionándoles ropa para vestir (vea Gén. 3:21). Protegió a Caín de los que le harían daño (vea Gén. 4:15). Por medio de estas acciones, notamos los primeros intentos de Dios por restaurar el lugar de trabajo pervertido por el pecado.

**Estrategia de oración:** Si ha estado permitiendo usted que Satanás intente una hostil toma de poder en su lugar de trabajo, confiéselo a Dios ahora mismo. Reconozca que él es soberano sobre usted y todos los que trabajan en el mismo lugar que usted. Busque su voluntad al trabajar hoy.

# DIA 2

## Cómo el Pecado Pervierte el Lugar de Trabajo

*"Pero cada uno es tentado cuando es arrastrado y seducido por su propia pasión. Luego la baja pasión, después de haber concebido, da a luz el pecado; y el pecado, una vez llevado a cabo, engendra la muerte"* (Stg. 1:14, 15).

Alberto es jubilado y bromea que su lugar de trabajo es el rincón donde va a pescar. Alberto es un pescador bastante experto, en parte porque dedica largas horas a mejorar su habilidad. Sabe que tiene que engañar al pez para que piense: "lo que veo es auténtico".

Nuestra naturaleza pecaminosa nos tienta en una forma parecida a la carnada que engaña al pez. Promete un festín pero produce una hambruna del alma. El primer ejemplo ocurrió aquel día cuando Adán y Eva decidieron no hacer caso a Dios y confiar en sí mismos.

¿Qué factores nos llevan a cometer los mismos errores y permitir que el mundo controle nuestros pensamientos y acciones? Reconocer la corrupción del pecado en el lugar de trabajo nos ayuda a ver el anzuelo y a evitar la carnada.

Existen tres maneras principales en que el pecado pervierte nuestro lugar de trabajo. El pecado nos lleva a rechazar la autoridad soberana de Dios sobre nuestro trabajo, a centrarnos en nosotros mismos y a intentar satisfacer nuestras necesidades sin tomar en cuenta a Dios.

## RECHAZAMOS LA AUTORIDAD DE DIOS SOBRE NUESTRO TRABAJO

† **¿Qué pasó cuando Adán y Eva decidieron comer el fruto del árbol del conocimiento? Marque uno.**

__ Pensaron en las consecuencias de sus acciones.

__ Quisieron ser iguales a Dios.

Una decisión tomada en el jardín del Edén hace miles de años para vivir y trabajar separados de Dios se ha vuelto a repetir miles de veces desde entonces. Nos burlamos de la soberanía de Dios, nos hacemos cargo de nuestras vidas y hacemos lo que a nosotros mismos nos parece bien. Ponemos nuestra fe en la naturaleza humana en lugar de la naturaleza de Dios.

† **Repase Génesis 3:1-6 en las páginas 61, 62. Si la serpiente se le acercara, ¿cómo le explicaría usted el derecho de Dios de ejercer su autoridad?** ______________________________

______________________________

*El lugar de trabajo que el pecado pervirtió*

Cuando optamos por hacer a un lado la autoridad de Dios y crear nuestro propio programa, pecamos e influimos sobre otros para que pequen. No obstante, nuestra negativa de aceptar a Dios como nuestra autoridad soberana de ninguna manera niega su posición legítima sobre el trono de la vida. Una manera en que el pecado pervierte nuestro lugar de trabajo es que rechazamos la autoridad de Dios sobre nuestro trabajo.

## NOS ENFOCAMOS EN EL YO

Cuando la serpiente tentó a Eva para que comiera del árbol prohibido, la incitó a pensar únicamente en lo que le convenía a ella. Quería que considerara sus propias necesidades y propios deseos por sobre todas las cosas y personas. La estaba tentando a escogerse a sí misma antes que a Dios. ¡Hasta trató de convencerla de que Dios era un mentiroso! Plantó en ella un anhelo de ser igual a Dios. Repase Génesis 3:5, 6 en las páginas 61, 62.

En nuestra sociedad, la obsesión con el "yo" se ha convertido en una batalla campal en pro de la libertad. Luchamos por lograr la satisfacción del "yo", la autoestima y un sentido de seguridad en nosotros mismos. La competencia en el mundo del comercio se va conformando a nuestro anhelo de ser reconocidos y de alcanzar nuestras ambiciones.

✝ **¿En cuáles de las siguientes maneras ha visto u oído usted al mundo animarle a enfocarse en sí mismo en lugar de Dios y sus prójimos? Marque todos los que se apliquen.**

__ "Piensa en ti mismo primero."
__ "Haz las cosas a tu manera."
__ "Ocúpate de tus propios intereses."
__ "Sé todo lo que puedas ser..."
__ "Aprovecha y disfruta de todo lo que puedas."
__ "No dejes que nadie te pisotee."

**El pecado pervierte nuestro lugar de trabajo:**
**1. Rechazamos el gobierno de Dios sobre nuestro trabajo.**
**2. Nos enfocamos en nosotros mismos.**

__ "Mereces lo mejor de lo mejor."
__ "Si quieres que las cosas se hagan bien, hazlas tú mismo."
__ "Puedes lograr todo lo que que te propones."
__ ¿Otras?________________________________

El programa del mundo nos lleva a ponernos a nosotros mismos en primer lugar, con frecuencia a expensas de otros. Como resultado, una segunda manera en que el pecado pervierte el lugar de trabajo es que nos hace enfocarnos en nosotros mismos.

## INTENTAMOS SATISFACER NUESTRAS NECESIDADES SEPARADOS DE DIOS

Dios no creó a Adán y Eva para vivir y trabajar separados de él sino junto con él como colegas. Les había provisto todo lo que necesitarían. ¡Lo único que tenían que hacer era confiar en él! En cambio, optaron por satisfacer su necesidad de alimento, sabiduría y conocimiento moral haciendo lo que la serpiente sugirió en lugar de confiar en Dios. Intentaron satisfacer sus necesidades fuera de la voluntad de Dios.

*"Y fueron abiertos los ojos de ambos, y se dieron cuenta de que estaban desnudos. Entonces cosieron hojas de higuera, y se hicieron ceñidores... Jehovah Dios hizo vestidos de piel para Adán y para su mujer, y los vistió"*
(Gén. 3:7, 21).

✝ **Lea en el margen Génesis 3:7, 21. ¿Qué podemos inferir del intento de Adán y Eva de proveer su propio vestido? (Escoja una respuesta.)**
__ La ropa que ellos mismos se confeccionaron era adecuada.
__ Dios les dio mejor ropa.

Adán y Eva descubrieron que Dios los podía sustentar mejor que ellos mismos. La ropa que él les dio era más resistente. Una tercera característica de la perversión del pecado en el lugar de trabajo es que intentamos satisfacer nuestras necesidades separados de Dios.

El pecado de Adán y Eva dio como resultado un profundo sentido de separación, temor y culpa. Pronto descubrirían qué difícil sería valerse por sí mismos. Dios no los había creado para vivir y trabajar separados de él.

¿No tenemos la tendencia, como Adán y Eva, de vivir como si pudiésemos suplir nuestras propias necesidades mejor que Dios? O, quizá no confiamos que Dios cumpla, así que buscamos nuestras propias maneras de atender nuestras necesidades. ¿Limitamos lo que Dios nos puede suplir intentando hacerlo solos?

**Estrategia de oración:** Pida a Dios que le perdone y limpie del pecado de una vida enfocada en usted mismo. Pídale que le dé la capacidad de seguirle obedientemente y de confiar en las provisiones de su gracia.

# DIA 3
## Efectos del Pecado en el Lugar de Trabajo

Los efectos de nuestra naturaleza pecaminosa se hacen evidentes en todos los sistemas de nuestra sociedad: sistemas de administración, educación, iglesia, fábricas, ciencia, gobierno, ventas, fuerzas militares, medios de difusión y jurisprudencia. Hoy veremos las maneras cómo el pecado influye sobre el lugar de trabajo y cómo afecta a nuestra propia ética personal.

### MANERAS COMO EL PECADO INFLUYE SOBRE EL LUGAR DE TRABAJO

✝ **A continuación aparecen varios ejemplos de los efectos del pecado sobre el lugar de**

*El lugar de trabajo que el pecado pervirtió*

**El pecado pervierte nuestro lugar de trabajo:**
**1. Rechazamos el gobierno de Dios sobre nuestro trabajo.**
**2. Nos enfocamos en nosotros mismos.**
**3. Intentamos satisfacer nuestras necesidades separados de Dios.**

*"Ahora bien, las obras de la carne son evidentes. Estas son: fornicación, impureza, desenfreno, idolatría, hechicería, enemistades, pleitos, celos, ira, contiendas, disensiones, partidismos, envidia, borracheras, orgías y cosas semejantes a éstas, de las cuales os advierto, como ya lo hice antes, que los que hacen tales cosas no heredarán el reino de Dios"* (Gál. 5:19-21).

**Ejemplos de mi experiencia personal o mi lugar de trabajo:**

**trabajo. Al leerlos, trace un círculo alrededor de las experiencias que usted ha tenido. Use el margen para anotar otros ejemplos.**

*Se sacrifica la calidad en pro de la cantidad.* Cierta jovencita cayó enferma al volver a casa de un campamento de verano. La familia aguardó más de una hora en la sala de espera del doctor antes de que éste la examinara. Hizo un rápido diagnóstico, escribió una receta para un antibiótico y los mandó de vuelta a casa.

Pero no mejoró. La madre, frustrada y comprendiendo que algo andaba muy mal, le rogó al doctor que le hiciera otros exámenes. Aunque éste insistió en que su diagnóstico era correcto, los hizo. Para su sorpresa, los análisis indicaban una grave infección: ¡hepatitis! Ahora bien, sabemos que los médicos cometen errores y que ciertas enfermedades son difíciles de diagnosticar. Pero un atención médica estilo "línea de producción" limita mucho el tiempo que el doctor tiene para aprender más de sus pacientes y darles la atención adecuada.

Sacrificar la calidad en pro de la cantidad es evidente en casi cualquier nivel laboral. Antes de empezar a acusar a las compañías de seguro o las corporaciones, tenemos que recordar que aun las iglesias a veces se enfocan en los números en lugar de los ministerios para suplir las necesidades de sus miembros. Cuando la obsesión por el dinero, poder o prestigio es la motivación, el programa del mundo domina su lugar de trabajo.

*Los precios son engañosos.* Cierto estudiante universitario trabajaba tiempo parcial en una tienda de ropa de hombres. Qué sorpresa la suya al descubrir que previamente los dueños aumentaban los precios normales antes de dar un "descuento" del 20-50 por ciento. Así que el descuento real no era de 20-50 por ciento. Es probable que alguna variación de esta misma práctica ocurra en muchos negocios.

*El lugar de trabajo que el pecado pervirtió*

Se puede también engañar al cliente de otras maneras. Las ofertas por correo que parecen documentos legales atraen inmediatamente la atención. En algunos países, ciertas compañías ofrecen "vacaciones gratis" que después resultan incluir pagos e impuestos. O regalan mercadería que no tiene valor.

*Las prácticas en el trabajo son deshonestas, ilícitas o inmorales.* ¿Es común entre sus compañeros de trabajo reportarse enfermos cuando necesitan un día libre? Las mentiras entre compañeros de trabajo, el acoso sexual, adulterio, los desfalcos y las malas palabras son algunas de las señales de una conducta inmoral en el lugar de trabajo. En algunas empresas, los favores sexuales casi son requisito para lograr una promoción o una asignación importante. Otras industrias tienen fama de dar sobornos ("coimas", "mordidas"). Los laboratorios o fabricantes de productos medicinales pueden hacer caso omiso a los resultados desfavorables de una investigación que demoraría la venta de un producto lucrativo. Las firmas contables han sabido arreglar los libros de cuentas con el fin de esconder de sus accionistas o directores las fuentes de entradas o salidas. Muchas prácticas comerciales deshonestas, ilícitas o inmorales permanecen tapadas pero a otras sencillamente no les hacemos caso, o las aceptamos.

*El bienestar de las personas y el medio ambiente no son de alta prioridad.* En un lugar de trabajo pervertido por el pecado, las ganancias son muchas veces más importantes que las personas. Hace poco, un amigo sufrió un ataque al corazón. Había trabajado 29 años para una compañía de abastecimiento de alimentos y le faltaba un año para jubilarse. Mientras estaba todavía en el hospital recibió la notificación de que había sido despedido. La compañía estaba preocupada por los costos médicos y los gastos que les causaría, no por el bienestar de un fiel empleado.

Otra compañía, a sabiendas contamina un río que corre cerca de casa. Otra contamina el aire. ¿Su criterio?: modificar los procesos de la fábrica para eliminar la contaminación incidiría sobre sus ganancias. Cuando la naturaleza humana gobierna sobre el lugar de trabajo, el bienestar de las personas y el medio ambiente no son de alta prioridad.

*Los empleados y obreros no se hacen responsables por sus acciones.* Cuando algún artista es arrestado por ingerir drogas, le echa la culpa al estilo de vida vertiginoso y las presiones de su profesión artística. Los políticos le echan la culpa al partido opositor por la deuda nacional. Las compañías justifican sus prácticas pecaminosas como su única alternativa para permanecer a flote. Culpamos en todas las direcciones excepto la correcta: No estamos dispuestos a hacer cambios importantes o costosos para llevar adelante los negocios en maneras que agradan a Dios.

¿Nos hemos acostumbrado tanto a un lugar de trabajo pecaminoso que hemos perdido la visión de sumarnos a Dios en su obra de redención? Volver a captar esa visión empieza con considerar a Dios soberano y activo en el lugar de trabajo. ¡Dios no se ha dado por vencido en nuestro lugar de trabajo y tampoco debemos hacerlo nosotros!

✝ **Es fácil acusar a los demás. ¿De qué maneras influye su naturaleza pecaminosa sobre su ética en el trabajo?** ________________

________________________________________

## EFECTO SOBRE NUESTRO TESTIMONIO

*El lugar de trabajo que el pecado pervirtió*

La influencia del pecado puede ser muy evidente, pero también puede ser sutil. Los crímenes de oficina, como llevarse a casa sujetapapeles que son de la empresa, no amerita un titular en el periódico pero sí es indicativo de una pérdida básica de integridad en el lugar de trabajo. Cuando se ve al creyente desobedecer las reglas en el trabajo, su habilidad de ser sal y luz allí disminuye.

Un empleado nos comentó que un pastor bivocacional que trabaja en su oficina hace copias del boletín semanal de la iglesia en la copiadora de la compañía. Dijo: "¡Me resulta difícil testificar ante mis compañeros de trabajo cuando ven a un pastor violando los reglamentos de la empresa!"

*"¡Gente adúltera! ¿No sabéis que la amistad con el mundo es enemistad con Dios? Por tanto, cualquiera que quiere ser amigo del mundo se constituye enemigo de Dios"* (Stg. 4:4).

Aun en la época de la iglesia primitiva, los creyentes han sido atrapados por el programa del mundo. Lea en el margen lo que Santiago dijo sobre nuestra naturaleza de pecado.

Tenemos que estar dispuestos a confesar a Dios "nuestra amistad con el mundo". Si el Espíritu Santo le ha convencido de algo hoy que claramente está fuera de la voluntad de Dios para su vida de trabajo, pídale que le ayude a hacer los cambios que debe.

**Estrategia de oración:** Pídale a Dios que le muestre cómo quiere él trabajar redentoramente en su lugar de trabajo por medio de su fiel obediencia a su voluntad.

# DIA 4
## Dos Puntos de Vista

Yo [Debi] estaba preparando la comida y di la espalda al horno por sólo un instante.

—¡Quema! —gritó mi pequeña de dos años, al retirar apresuradamente su manita de la puerta del horno. Por supuesto, le había advertido sobre el horno. Pero eso no satisfizo su curiosidad. Luego me lanzó esa mirada infantil acusatoria, como diciendo: "¿Por qué dejaste que me pasara esto?", que los niños usan cuando quieren echarle a alguien la culpa por algo que ellos mismos hicieron.

*"Los que viven conforme a la carne piensan en las cosas de la carne"* (Rom. 8:5).

Ahora ya es estudiante universitaria y, en la mayoría de los casos, asume la responsabilidad de sus decisiones. Podríamos decir que su punto de vista ha cambiado. En lugar de ser tan egocéntrica, es mucho más "teocéntrica".

### EL CONCEPTO DEL MUNDO: FORMULA PARA EL ESTRES

Observemos cinco diferencias clave entre el punto de vista centrado en el ser humano (actuación en el lugar de trabajo que el pecado ha pervertido) y el punto de vista centrado en Dios (actuación en el lugar de trabajo como Dios quiso que fuera).

*"Yo puedo hacer cualquier cosa" versus "Dios puede hacer cualquier cosa"*. El modo de pensar de la mayoría en el trabajo refleja su confianza en sí mismos y en sus logros. A primera vista, tenerse confianza es sano. No obstante, esta manera de pensar nos puede apartar de Dios. En lugar de confiar en él

creemos sólo en nosotros mismos. Dios quiere que dependamos de él completamente.

Como ser humano usted puede lograr muchos éxitos que generan el elogio de los demás. No obstante, su propia vida y aliento dependen del sustento de Dios. En cuanto al reino, Jesús dijo que usted no puede hacer nada de valor para el reino sin él (vea Juan 15:5). Con él, todo lo puede (vea en el margen Fil. 4:13).

† **Vuelva a redactar esta afirmación para que sea verdad en lugar de falsa: "Yo puedo hacer cualquier cosa."** ________________

________________________________________

Aprenda a coincidir con Dios. Quizá haya escrito usted: "No puedo hacer nada separado de Cristo" o "Todo lo puedo en Cristo quien me da fuerzas."

*"Me valoro a mí mismo" versus "Valoro el amor de Dios"*. El mundo nos enseña a buscar sentido y mérito dentro de nosotros mismos. Pero no fuimos creados para satisfacer esa profunda necesidad de validación dentro de nosotros mismos separados de Dios.

Nuestra relación con Dios nos da mayor valor. ¡Dios nos amó tanto que dio a su Hijo para morir por nosotros! Cuando nos entregamos a él y recibimos su gracia salvadora, nos adopta como parte de su familia. De esta manera descubrimos lo que verdaderamente valemos. Recuerde las palabras de Jesús: "Como el Padre me amó, también yo os he amado; permaneced en mi amor" (Juan 15:9).

*"Me sirvo a mí mismo" versus "Sirvo a Dios"*. El programa del mundo está impulsado por un concepto centrado en el "yo". Cada decisión y situación se encara a la luz de la ganancia o el beneficio personal a obtener. Si funcionamos de acuerdo con el programa del mundo,

*El lugar de trabajo que el pecado pervirtió*

*"¡Todo lo puedo en Cristo que me fortalece!"* (Fil. 4:13).

*"El que ama su vida, la pierde; pero el que odia su vida en este mundo, para vida eterna la guardará. Si alguno me sirve, sígame; y donde yo estoy, allí también estará mi servidor. Si alguno me sirve, el Padre le honrará"* (Juan 12:25, 26).

podemos presentar nuestras ideas disfrazadas en una imagen noble, pero por dentro, consideramos todo a la luz de nuestros propios intereses. En ocasiones podemos actuar desinteresadamente en pro de otra persona. Pero raramente servimos a los demás basados en una motivación completamente altruista.

Jesús dijo: "Nadie puede servir a dos señores" (Mat. 6:24). El creyente es llamado a servir a Dios cumpliendo los propósitos de su reino (vea Juan 12:25, 26). Estos propósitos se logran cuando dejamos a un lado el "autogobierno" y confiamos en Dios.

*"Culpo a los demás por mis acciones" versus "Me hago responsable de mis acciones"*. Si todo anda bien, exigimos que se nos dé el mérito. Pero si surgen problemas, enseguida culpamos a los demás. Culpamos nuestro pasado, nuestras circunstancias y a otras personas; pero rara vez aceptamos de buena voluntad la responsabilidad por nuestras propias acciones. ¿No fue eso lo que hicieron Adán y Eva en el jardín? Tratamos de protegernos del sufrimiento, del fracaso o de las consecuencias de nuestras acciones. Finalmente, tendremos que rendir cuentas de todo a un Dios que sabe la verdad (vea en el margen Rom. 14:12).

*"De manera que cada uno de nosotros rendirá cuenta a Dios de sí mismo"* (Rom. 14:12).

*"Amo lo material y uso a las personas" versus "Amo a las personas y uso lo material"*. En nuestro mundo materialista actual es fácil creer el concepto vacío de que lo material produce felicidad. La gente trata constantemente de satisfacer las necesidades más profundas de su naturaleza humana por medio de la adquisición de posesiones. A fin de acumular, haremos lo que tengamos que hacer, incluyendo aprovecharnos de otros para lograr ganancias personales. Las cosas materiales brindan soluciones temporarias para lo que nos aqueja. De hecho, amar lo mate-

rial lo coloca a usted en contraposición con Dios (vea en el margen 1 Jn. 2:15).

No importa cuántas cosas uno adquiera, sus necesidades sólo pueden ser suplidas por Dios. Es nuestra obligación amar a las personas y usar lo material; ese es el concepto del reino (vea en el margen Juan 15:12).

El programa del mundo para el ambiente del trabajo es egocéntrico en lugar de estar centrado en Dios. En lugar de "hacer a los demás lo que quiero que ellos hagan conmigo" —el mensaje de la Regla de Oro— el mundo dice: "Haz a los demás lo que te beneficia a ti." El punto de vista del mundo nos remonta a la respuesta de Caín en Génesis 4:9: "¿Soy yo acaso el guarda de mi hermano?"

✝ **Llene los siguientes espacios en blanco para completar los dos puntos de vista:**

| El programa del mundo | El programa del reino |
|---|---|
| Puedo a hacer lo que sea (confianza en uno mismo). | ________________ |
| Me valoro a mí mismo. | ________________ |
| Sirvo a mis propios intereses. | ________________ |
| Culpo a los demás por mis acciones. | ________________ |
| Amo lo material y uso a las personas. | ________________ |

## EL CONCEPTO DE DIOS: FORMULA PARA LA SATISFACCION

Antes de aceptar a Cristo, yo [Mike] dirigía cursillos sobre cómo manejar el estrés en el trabajo. Sabía que el ambiente laboral nunca estaría libre de estrés. Recuerdo que pensaba: ¡No hay alivio del estrés mientras todos tenemos que tra-

*El lugar de trabajo que el pecado pervirtió*

*"No améis al mundo ni las cosas que están en el mundo. Si alguno ama al mundo, el amor del Padre no está en él"* (1 Jn. 2:15).

*"Este es mi mandamiento: que os améis los unos a los otros, como yo os he amado"* (Juan 15:12).

bajar en medio de tanta desquiciada competencia! Cuando el programa del mundo es nuestro guía, trataremos constantemente de satisfacer nuestras necesidades separados de Dios, y nada jamás las satisfará completamente. ¡Dios no nos diseñó de esa manera! El es el que conoce mejor que nadie nuestras necesidades. El las suplirá todas si confiamos en él.

**✝ Evalúe sus propios puntos de vista. Ante la duda, hágase estas preguntas:**

- ¿Viola esta manera de pensar la autoridad de Dios en mi vida?
- Este punto de vista, ¿está "centrado en personas" o "centrado en Dios"?
- Cuando actúo de acuerdo con este punto de vista, ¿me acerco más a Dios?

**Estrategia de oración:** Pídale a Dios que le revele si actúa usted desde un punto de vista equivocado. Agradézcale su amor, perdón, dirección y sustento.

*"No seas sabio en tu propia opinión: Teme a Jehovah y apártate del mal, porque será medicina para tu carne y refrigerio para tus huesos"* (Prov. 3:7, 8).

# DIA 5

## Cuando Reina la Naturaleza Humana

En junio de 1995, el avión que piloteaba Scott O'Grady, un joven capitán de las Fuerzas Aéreas de los Estados Unidos, fue derribado en Bosnia. Después de seis aterradores días escondido en los pastizales de un campo para evadir al enemigo, fue rescatado. A los ojos del mundo, O'Grady se convirtió instantáneamente en un héroe.

—Si no hubiera sido por el amor de Dios por

mí, —dijo O'Grady—, y mi amor por Dios, no hubiera podido sobrevivir.[1]

¿Suerte o Dios? ¿Fue su ingenio lo que lo protegió o fue Dios? Cuando reina la naturaleza humana nos apropiamos del mérito que, con todo derecho, le corresponde a Dios. O'Grady le dio a Dios el mérito de su milagrosa supervivencia y rescate. Hoy examinaremos nuestras necesidades humanas básicas y el contraste entre la manera cómo suplen esas necesidades Dios y el mundo.

*El lugar de trabajo que el pecado pervirtió*

## EL ORDEN JERARQUICO DE LAS NECESIDADES SEGUN MASLOW

Una de las mejores descripciones de la naturaleza humana fue desarrollada por Abraham Maslow y se la conoce como la "Jerarquía de las necesidades". Según Maslow, nos vemos impulsados a satisfacer ciertas necesidades en nuestras vidas. En su teoría, estas necesidades aparecen en cierto orden de importancia. Las necesidades más básicas tienen que satisfacerse primero. Luego, las necesidades mayores pueden ser satisfechas después de haber satisfecho las más básicas.

✝ **Dibuje un triángulo en el margen. Divídalo en cinco partes iguales, trazando líneas horizontales. Escriba en las distintas partes, empezando desde la parte de abajo: fisiológicas, seguridad, amor y aceptación, estima y autorrealización. Lea a continuación las descripciones de estos cinco niveles.**

El primer nivel de necesidades se llama *necesidades fisiológicas.* Estas incluyen alimento, agua, ropa, vivienda y oxígeno. El segundo nivel, identificado como *seguridad,* representa la necesidad de un ambiente *seguro.* Necesitamos estar libres de las amenazas de los peligros a fin de dar nuestra atención a otros asuntos. El tercer nivel es *amor y aceptación.* Anhelamos contar con relaciones significativas con los demás.

El cuarto nivel, *estima,* incluye el deseo de ser respetados y admirados por otros. Queremos tener logros, posición y prestigio. La motivación impulsora es "ser alguien". Muchos, aunque equivocados, basan su identidad en lo que los demás piensan de ellos. El nivel final y ápice del triángulo es *autorrealización.* Queremos lograr nuestra máxima potencialidad en la vida. Aparte de lo que los demás piensan, anhelamos un sentido de satisfacción, significado y propósito.

Según Maslow, la jerarquía funciona de abajo para arriba pero no de arriba para abajo. Antes de darnos a la búsqueda de la autorrealización, tenemos que satisfacer las necesidades en los niveles anteriores.

✝ **En el margen escriba un ejemplo de uno de estos niveles de necesidades en su lugar de trabajo.**

Estas necesidades no son malas en sí. Dios nos creó con necesidades. No podemos vivir sin alimentos. ¡Es difícil que nos concentremos en nuestra reputación en el trabajo si nuestra vida está en peligro! El problema aparece cuando suplir estas necesidades básicas tiene prioridad sobre la obediencia a la voluntad y los propósitos de Dios.

## CUANDO SUPLIMOS LAS NECESIDADES COMO LO HACE EL MUNDO

Pronto descubrimos que los intentos por suplir las necesidades básicas separados de la intención de Dios, a la larga no satisface. Ser empujados por las necesidades humanas y querer llenar estas necesidades separados de Dios demuestra la perversión del pecado en el lugar de trabajo.

El encuentro de Jesús con el joven rico es un ejemplo del problema de buscar en alguien o algo fuera de Dios el significado y propósito definitivo de la vida. Cuando el joven rico se acercó a Jesús, iba en busca de una manera de satisfacer una profunda necesidad. Jesús le ofreció la oportunidad de tener una experiencia con el reino siguiéndole a él.

✝ **Lea Lucas 18:18-23 en el margen. Subraye la necesidad expresada en la respuesta de Jesús.**

Lamentablemente, el joven no podía confiar en Jesús para suplir sus necesidades porque confiaba únicamente en sí mismo y en su posición económica. Las posesiones le daban un sentido de seguridad. Sentía que necesitaba la estima que las riquezas brindan en la sociedad. El joven rico se encontraba ante la presencia del Rey de reyes y aun así no reconoció al Rey ni al reino.

El joven rico desaprovechó la invitación personal de Dios de vivir con el Rey mismo y aprender de él. La ironía de este relato es que Jesús le ofrecía invertir su propia vida en él. Jesús quería enseñarle y discipularle personalmente. Pero el joven le dio la espalda. Confiar en Jesús requería un cambio radical en su perspectiva, así que rechazó la oportunidad de su vida.

✝ **¿Por qué el joven rico le dio la espalda a esta oportunidad?**

__ No quería renunciar al control sobre su propia vida.
__ Las pretensiones de Jesús eran desmedidas.

✝ **¿Qué perdió el joven rico?**

__ Sus riquezas __ Su posición en la sociedad
__ Su alma __ Nada

*El lugar de trabajo que el pecado pervirtió*

*"Le preguntó cierto hombre principal, diciendo:*
*—Maestro bueno, ¿qué haré para obtener la vida eterna?*
*Y Jesús le dijo:*
*—¿Por qué me llamas bueno? Ninguno es bueno, sino sólo uno, Dios. Tú conoces los mandamientos: No cometas adulterio, no cometas homicidio, no robes, no digas falso testimonio, honra a tu padre y a tu madre.*
*Entonces él dijo:*
*—Todo esto lo he guardado desde mi juventud.*
*Jesús, al oírlo, le dijo:*
*—Aún te falta una cosa: Vende todo lo que tienes y repártelo a los pobres, y tendrás tesoro en el cielo; y ven, sígueme.*
*Entonces él, al oír estas cosas, se entristeció mucho, porque era muy rico"*
(Luc. 18:18-23).

**Dejar que algún aspecto de nuestra naturaleza humana domine nuestra vida siempre conduce al pecado y a la separación de Dios.**

Tenemos que aprender a percibir cuándo nuestra naturaleza humana domina nuestra vida e influye sobre nosotros haciendo que perdamos lo mejor que Dios nos tiene reservado. En esas circunstancias, debemos combatir las mentiras de Satanás y conscientemente elegir el camino de Dios.

## ¿COMO BUSCO SATISFACER MIS NECESIDADES?

Cuando los deseos humanos dominan nuestras vidas, los creyentes experimentamos una toma de posesión hostil, y nuestra alma se entrega a su nuevo señor: el pecado. Nos perdemos el reino de Dios como lo perdió el joven rico. Dejar que algún aspecto de nuestra naturaleza humana domine nuestra vida siempre conduce al pecado y a la separación de Dios. Esta realidad es la razón principal por la cual el lugar de trabajo en la actualidad está pervertido.

† **Vuelva a observar el diagrama que dibujó de la jerarquía de necesidades según Maslow en la página 77. ¿Está tratando usted de satisfacer alguna de sus necesidades separado de Dios? En caso afirmativo, escriba por lo menos una manera en que procurará dejar que Dios supla estas necesidades, empezando hoy.** ______________________________

______________________________

**Estrategia de oración:** Ore pidiendo fuerzas para confiar que Dios supla sus necesidades. Agradézcale porque hoy lo cuidó.

[1]Malcolm McConnell. "Pilot Down: El Rescate de Scott O'Grady," Reader's Digest, Julio 1995, 88

# Cómo Ser Salvo o Llegar a Ser Cristiano

*El lugar de trabajo que el pecado pervirtió*

Quizá, al ir estudiando este libro, se ha ido dando cuenta de que no tiene una relación personal de amor con Dios. ¿Le gustaría tener esa clase de experiencia? De ser así, ese deseo es la obra de nuestro Padre celestial atrayéndole a sí por medio de su Hijo, Jesucristo. Dios lo creó a usted para vivir en una relación de amor con él. Nunca conocerá la auténtica paz y alegría aparte de esta íntima relación de amor.

**Paso 1: Confiese que es usted pecador. Romanos 6:23**

Si Dios lo está atrayendo a sí, ¿quiere usted responder a él? Debido al pecado, toda la humanidad está separada de Dios y espiritualmente muerta. La Biblia indica que "la paga del pecado es muerte" (Rom. 6:23). No obstante, Dios le amó tanto a usted que pagó la pena (la paga) de sus pecados a través de la muerte de Cristo en la cruz. A cambio, quiere su amor y devoción. Iniciará usted una relación eterna que continuará en el cielo por toda la eternidad. "El don de Dios es vida eterna en Cristo Jesús, Señor nuestro" (Rom. 6:23).

**Paso 2: Apártese de sus pecados (arrepiéntase). Mateo 4:17**

La Biblia dice: "Si confiesas con tu boca que Jesús es el Señor, y si crees en tu corazón que Dios le levantó de entre los muertos, serás salvo" (Rom. 10:9). Cuando Jesús empezó su ministerio terrenal, su mensaje fue: "¡Arrepentíos, porque el reino de los cielos se ha acercado!" (Mat. 4:17). Para arrepentirse, se aparta usted de su vida egocéntrica y empieza una vida centrada en Cristo donde él gobierna su mente y corazón. Si coincide en que es pecador y necesita un Salvador, puede pedirle a Cristo que sea ese Salvador en este mismo instante.

**Paso 3: Acepte la muerte de Jesús en la cruz como paga de su pecado. Romanos 10:9, 10**

Háblele sencillamente por medio de la oración. Dígale que desea conocerle y tener una experiencia con él. Concuerde con él en que es usted pecador y necesita su perdón y purificación. Pídale a Dios que le perdone por vivir separado de él. Entréguele su voluntad como Señor de su vida. Cuando lo haga, Dios pondrá su Espíritu en usted. Será usted una nueva creación. Su vida antigua quedará a un lado y será suplantada por una vida nueva (vea 2 Cor. 5:17).

**Paso 4: Agradezca a Dios su salvación y la nueva vida eterna en Cristo. 2 Corintios 5:17**

¡Dé gracias a Dios por su salvación y vida eterna en Cristo!

Si ha orado usted y comenzado una relación de amor con Dios, Dios quiere colocarlo en el cuerpo de Cristo: una iglesia local. Póngase en contacto con un pastor u otro líder en una iglesia cercana. Cuéntele a esa persona la decisión que ha tomado y que desea desarrollarse como discípulo de Jesucristo. Si necesita ayuda con esto o con otras decisiones espirituales, hable con uno de los integrantes de su pequeño grupo o con otro creyente. El o ella lo orientarán con gusto.

# Semana 4

## El Lugar de Trabajo que Cristo Restaura

Yuri era todavía un niño cuando él y su familia emigraron de Rusia a Venezuela. Lo conocimos cuando vivíamos allí. Yuri no era creyente, pero su esposa sí. Al poco tiempo, Yuri empezó a hacernos muchas preguntas acerca de Dios.

Un mediodía, comiendo con él en el centro de Caracas, compartimos lo que Cristo significaba en nuestras vidas. Esa noche en su casa, Yuri se puso de rodillas y oró, entregando su vida a Cristo.

A los pocos días de tomar esta decisión, su negocio se vino abajo. De pronto, tuvo que enfrentar la realidad de una deuda enorme, sin tener cómo pagarla. Yuri era una persona muy trabajadora que soñaba con el éxito. Ahora sus sueños quedaban en la nada. Una reacción lógica hubiera sido escapar de la ciudad y dejar sus deudas atrás. Pero Yuri tomó una decisión que admite nunca hubiera tomado antes de conocer a Cristo.

Yuri no huyó de Caracas. En cambio, visitó al proveedor a quien más dinero debía, y le dijo la verdad. Luego Yuri ofreció ir pagándole la deuda poco a poco, en cuanto pudiera encontrar otro trabajo. Para su sorpresa, el hombre no se enojó. De hecho, estaba tan impresionado por la honestidad y determinación de Yuri de hacerse responsable de sus deudas que le ofreció un trabajo —en realidad, más que un trabajo—,una oportunidad de ser su socio en el negocio y un plan para pagar gradualmente su deuda.

**Esta semana:**

- identificará 4 maneras en que Cristo restaura el lugar de trabajo;
- aplicará los tres pasos hacia la restauración al lugar donde usted trabaja;
- describirá un lugar de trabajo restaurado, usando descripciones tomadas de las enseñanzas de Jesús sobre el reino.

**Versículos para memorizar:**

*"De modo que si alguno está en Cristo, nueva criatura es; las cosas viejas pasaron, he aquí todas son hechas nuevas... Dios estaba en Cristo reconciliando al mundo consigo mismo, no tomándoles en cuenta sus transgresiones y encomendándonos a nosotros la palabra de reconciliación"* (2 Cor. 5:17, 19).

¡Qué emocionado estaba Yuri al contarnos la noticia! Nos dijo: "Sabía que tenía que hacer lo que Cristo quería que hiciera. Si esto hubiera sucedido antes de ser creyente no lo hubiera manejado en esta forma."

Yuri era un creyente muy nuevo, sin embargo entendía el programa del reino mejor que algunos que han asistido a la iglesia durante años. Dios bendijo su obediencia mucho más allá de lo que Yuri hubiera esperado o imaginado. Cuando Jesucristo toca el corazón de la persona que elige colaborar con Dios, su naturaleza divina llega a ser parte de esa persona y ocurre un auténtico cambio en su vida.

Esta semana examinaremos lo que sucede cuando Jesucristo restaura el programa del reino de Dios en el corazón de los creyentes. Cristo ofrece transformar cada aspecto de nuestras vidas, incluyendo nuestros lugares de trabajo. Tenemos la oportunidad de vivir en nuestras vocaciones como "nuevas creaciones" y como embajadores de reconciliación.

# DIA 1
## Una Selección de Reinos

*"Mi reino no es de este mundo"* (Juan 18:36).

Muchos trabajamos en negocios dominados por el programa del mundo. Personalmente, nuestro anhelo puede ser conocer y servir a Cristo, pero las experiencias de nuestra labor cotidiana chocan con esa resolución. ¿Cómo podemos tener una experiencia con Dios y trabajar según su programa en un mundo que por lo general se ha enemistado con él?

La respuesta se encuentra en la relación que Jesús tenía con su Padre. Jesús actuaba partiendo de un punto de vista distinto.

*El lugar de trabajo que Cristo restaura*

No dejaba que su naturaleza humana dominara su vida. Su prioridad era agradar y obedecer a Dios. Su relación singular con Dios constituía la principal influencia sobre sus acciones, sus pensamientos, sus palabras, ¡su vida! Para Jesús, ¡Dios era, es y siempre será soberano!

## TENTADO POR EL PROGRAMA DEL MUNDO

Repase la "Jerarquía de necesidades" de Maslow en las páginas 77, 78. ¿Fue influenciado Jesús por estas necesidades cuando vivió sobre esta tierra? Si las necesidades básicas fueron dadas por Dios como parte de nuestra naturaleza humana, entonces también Jesús ha de haber tenido que encarar sus efectos.

¿Qué sabemos de las necesidades y emociones humanas de Jesús? La Biblia revela que lloró cuando le comunicaron la muerte de un amigo. Se enojó cuando algunos usaban el templo como lugar para comprar y vender mercancía, deshonrando a su Padre. A veces tenía hambre, sed y cansancio. Aun así, su naturaleza humana no estableció el programa para su vida. Consideremos un momento muy difícil para Jesús: una experiencia en el desierto cuando se le ofreció una selección de reinos.

✝ **Lea en su Biblia Mateo 4:1-11. A continuación, complete el cuadro de las tentaciones de Satanás y las respuestas de Jesús según se aplican a las necesidades humanas de él que aparecen en la columna del centro en la siguiente página.**

| Tentación | Necesidad | Respuesta de Jesús |
|---|---|---|
| | alimento | |
| | seguridad y estima | |
| | autorrealización | |

Quizá haya usted listado diversas posibilidades para cada tentación. Al seguir leyendo compare su lista con la que hicimos nosotros.

La primera necesidad a la cual apeló Satanás fue la más básica: la necesidad fisiológica de satisfacer un estómago vacío. Jesús realmente ha de haber tenido hambre, habiendo ayunado durante 40 días y 40 noches. Satanás trató de tentar a Jesús para que usara su propio poder a fin de satisfacer esta necesidad. Jesús escogió confiar en el sustento de Dios.

Luego Satanás apeló a la necesidad de Jesús de sentirse seguro. Satanás le aseguró que si se lanzaba para abajo no le pasaría nada. También apeló a la necesidad de Jesús de ser estimado. Satanás intentó hacer que Jesús validara su posición privilegiada con Dios. Una vez más Jesús escogió confiar en Dios en lugar de probar a Dios.

Por último, Satanás apeló a la necesidad de Jesús de autorrealizarse. Si Satanás podía convencer a Jesús que escogiera "los reinos del mundo" (v. 8) y se postrara ante él, ¡entonces Jesús habría rechazado la autoridad de Dios! La necesidad de Jesús de lograr su máxima potencialidad no determinó su decisión. Jesús sometió su voluntad y sus necesidades a la voluntad perfecta de su Padre celestial.

Y Satanás, ¿qué hizo? Se fue, ¡vencido! Y después que se fue, Dios mandó a ángeles para que atendieran las necesidades de su Hijo.

Jesús fue victorioso ante las tentaciones de Satanás. ¡Eso es emocionante! ¿Por qué? En

Cristo, todos tenemos la oportunidad de lograr la victoria sobre nuestra naturaleza pecaminosa. "Si alguno está en Cristo, nueva criatura es; las cosas viejas pasaron; he aquí todas son hechas nuevas" (2 Cor. 5:17). ¡Qué buena noticia!

*El lugar de trabajo que Cristo restaura*

✝ **Lea Hebreos 4:15, 16. En el margen escriba una tentación que tiene constantemente. No olvide que Jesús también fue tentado en esta forma pero que escogió no pecar. ¡Usted también puede lograr la victoria sobre el pecado!**

## VICTORIA POR MEDIO DEL AMOR DE SU PADRE

¿Cómo pudo Jesús rechazar las ofertas de Satanás? Sabemos que era el Hijo de Dios y que tenía una naturaleza divina al igual que humana. No obstante, la Biblia afirma que ¡Jesús fue tentado! Esto significa que realmente luchó con la seducción del poder mundano y las proezas sobrehumanas. Descubrimos el secreto de la victoria de Jesús en una experiencia importante que tuvo antes de sus tentaciones en el desierto.

✝ **Lea en el margen Mateo 3:17. Llene los espacios en blanco para completar lo que Dios dijo de su Hijo.**

"Este es mi Hijo__________, en quien tengo____________."

*"Y he aquí, una voz de los cielos decía: 'Este es mi Hijo amado, en quien tengo complacencia'"* (Mat. 3:17).

Jesús sabía que era el Hijo amado del Padre celestial. No necesitaba ganarse la aprobación de su Padre acumulando riquezas, poder y prestigio.

Muchos de nosotros nos vemos empujados por la necesidad de recibir la aprobación de los demás, ya sea nuestro padre o madre terrenales, cónyuge, hijos, jefes o amigos. Buscar la aprobación a través del programa del mundo puede resultar en una obsesión por el trabajo, prioridades equivocadas y pérdida de nuestra integridad en nuestro afán por triunfar.

Apoyarnos en la aprobación de nuestro Padre puede beneficiarnos como lo benefició a Jesús. Nosotros, como él, podemos disfrutar del amor incondicional de Dios por nosotros. Somos herederos, junto con Cristo, nuestro Hermano (vea Gál. 4:7). Si deja usted que Dios le ame, la aprobación de él puede cambiar su vida en el trabajo y en las demás áreas.

† **¿La aprobación de quién ha estado buscando en su vida de trabajo?____ ¿Ha sentido a Dios que le dice: "Este es mi hijo (hija) amado(a) en quien tengo complacencia"?**
❑ sí ❑ no

**Estrategia de oración:** Lea el Salmo 139:23, 24 como su pensamiento para meditar. Pídale a Dios que examine su corazón. Deje que el Espíritu le revele su amor y aprobación. Confiese cualquier manera en que ha estado usted buscando la aprobación de otros. Entregue a Dios su necesidad de recibir aprobación. Confíe en que Dios suplirá esa necesidad, como lo hizo Jesús.

# DIA 2

## Jesús, el Obrero del Reino

*"Mi Dios, pues, suplirá toda necesidad vuestra, conforme a sus riquezas en gloria en Cristo Jesús"* (Fil. 4:19).

"¿Estoy pasando por una crisis de media vida?", se preguntó Juan. "¡Siempre pensé que las cosas serían distintas cuando llegara a la cumbre!"

El rostro de Juan denotaba su fatiga y tristeza: "¡Pero mi vida es un desastre! Mi matrimonio es un lío. Mis hijos tienen problemas. En el trabajo, algunas de las cosas que hago para sobrevivir son cuestionables, ¡por no decir ilícitas!"

*El lugar de trabajo que Cristo restaura*

Juan estaba dominado por su necesidad de ser estimado. Nunca había podido complacer a su padre, un exitoso hombre de negocios. Juan se había pasado la vida entera tratando de obtener lo que sólo Dios puede otorgar. No obstante, era un creyente muy respetado.

El vacío en la vida de Juan simplemente no podía ser llenado por medio de esfuerzos humanos. Cuando no confiamos en Dios para satisfacer nuestras necesidades y buscamos sin pausa satisfacerlas nosotros mismos, entonces la ansiedad, depresión e inseguridad nos atormentan. ¡Qué bien nos haría comprender que el amor de Dios es suficiente para todo!

Al continuar Jesús su ministerio terrenal tuvo que encarar las mismas necesidades que tuvo en el desierto cuando fue tentado. Hoy consideraremos otros ejemplos de cómo Jesús vivió y trabajó siguiendo el programa del reino.

## CUANDO DIOS SUPLE NUESTRAS NECESIDADES

Jesús reconocía sus propias necesidades pero confiaba en Dios para suplirlas. De la misma manera, podemos decidir dar a Dios la oportunidad de satisfacer nuestros más profundos anhelos.

*Necesidades físicas.* Aunque Jesús sintió hambre y sed, no dejó que esas necesidades se convirtieran en la fuerza impulsora en su vida. En cierta ocasión los discípulos entraron en una aldea para comprar alimento porque tenían hambre. Jesús se quedó fuera de la aldea junto al pozo y tuvo un encuentro con la mujer samaritana. La guió a comprender que él era el Cristo y que era "agua viva". Después, ella se trajo a todo

**Jesús confiaba en la provisión de Dios (vea Juan 6:35).**

**Jesús tenía fe en la protección de Dios (vea Mat. 10:28).**

el pueblo para ver a Jesús, el Mesías prometido. Cuando los discípulos le dijeron a Jesús que comiera, respondió: "Yo tengo una comida para comer que vosotros no sabéis... Mi comida es que yo haga la voluntad del que me envió y que acabe su obra" (Juan 4:32, 34).

*Necesidad de un ambiente seguro.* Jesús les dijo a los que querían seguirle como discípulos: "Las zorras tienen cuevas, y las aves del cielo tienen nidos, pero el Hijo del Hombre no tiene dónde recostar la cabeza" (Mat. 8:20). Jesús seguía el programa de su Padre para su ministerio aunque esto significara que no tenía un hogar fijo.

Vemos su consagración al programa del reino aún más claramente al enfrentar Jesús el propósito definitivo de su ministerio terrenal: la cruz. Jesús escogió obedecer a su Padre aun cuando significara sufrimiento y muerte, y no una muerte cualquiera, sino una muerte muy cruel y llena de agonía en una cruz.

Jesús obedeció a su Padre y fue a la cruz. Se negó a dejar que su necesidad humana de tener seguridad le impidiera ser obediente.

† **¿Cuáles son algunas maneras en que se puede sentir tentado a dejar que sus necesidades fisiológicas y de tener seguridad empañen su obediencia a Dios en su lugar de trabajo? Márquelas a continuación o escriba las propias.**

- ❑ desobedecer los mandamientos de Dios para conservar mi trabajo
- ❑ mentir para complacer a mi jefe
- ❑ llevarme a casa cosas de la compañía para suplir necesidades de mi familia
- ❑ almorzar solo en mi rincón aunque sé que un compañero de trabajo sufre y quiere mi consejo
- ❑ otras ______________________________

*Necesidad de ser amado y aceptado.* Esta necesidad humana impulsa nuestro anhelo de ser parte de algún grupo, organización, pandilla o equipo. Para muchos, esta necesidad puede ser tan intensa que se eligen actividades pecaminosas a fin de ser aceptados. Jesús no dejó que su necesidad de ser apreciado controlara su conducta. Es así que se negó a pertenecer al grupo religioso principal por la conducta incorrecta o engañosa de ellos.

- A latigazos echó del templo a los cambistas.
- Públicamente condenó las acciones de los líderes religiosos.
- Sanó a los enfermos en el día de reposo aunque sabía que, en consecuencia, los fariseos conspirarían para matarlo.
- Se asociaba con pecadores y cobradores de impuestos cuando otros se negaban a hacerlo.
- Rechazó el ofrecimiento de la multitud de hacerlo rey después de la alimentación de los cinco mil.

**Jesús sintió amor e intimidad con su Padre (vea Juan 15:9, 10).**

Al igual que las demás necesidades de nuestra naturaleza humana, la necesidad de amor y de ser aceptado no puede ser satisfecha por el ser humano solo. Lea el versículo que aparece en el margen.

Dios suple parte de nuestra necesidad de ser aceptados por medio de amistades y de relaciones familiares. También nos pone en una iglesia que funciona como un cuerpo (vea 1 Cor. 12). En el cuerpo de Cristo nos necesitan y nos aman. Pero la mayor satisfacción la logramos por medio de nuestra relación de amor con Dios a través de Jesucristo.

*"Como el Padre me amó, también yo os he amado; permaneced en mi amor"* (Juan 15:9).

✝ **Tiene usted la opción de vivir de acuerdo con el programa del mundo o el programa del reino. Marque cuáles de los siguientes**

**son más importantes para usted:**

__ Quiero ser amado por Dios y tener una relación correcta con él. Quiero pertenecer a su familia: la iglesia.

__ Quiero complacer a los que me rodean aun cuando tengo que hacer lo que no es correcto. Dios me comprende y perdona.

**Jesús experimentó la aceptación de Dios (vea Juan 8:54).**

*Anhelo de ser reconocido y estimado.* En lugar de querer ser reconocido por sus éxitos y ocupar una posición de honor, Jesús el Hijo de Dios, tomó una toalla y, como un humilde siervo, se hincó para lavarle los pies a sus discípulos (vea Juan 13:1-17).

Jesús veía su papel como de siervo. Servía a su Padre pero, al hacerlo, estaba sirviendo a sus prójimos. Nos dio un ejemplo para que asumiéramos el papel de siervos. Jesús encontró su estima en complacer a su Padre, no en ser servido por los demás.

**El propósito de Jesús era estar en el centro de la voluntad de Dios (vea Mat. 26:39).**

*Autorrealización.* ¿Cumplió Jesús el propósito de su vida? ¿Fue un éxito? ¿Alcanzó toda su potencialidad? En la cruz, dijo: "¡Consumado es!" (Juan 19:30). Jesús alcanzó toda su potencialidad al entregarse al trabajo del reino.

Jesús tenía la opción de vivir según su naturaleza humana o según su naturaleza divina. Cada día, y en toda forma, escogió vivir y trabajar comprendiendo que su Padre era soberano. Jesús dijo: "En el mundo tendréis aflicción, pero ¡tened valor; yo he vencido al mundo!" (Juan 16:33).

**Estrategia de oración:** Hoy sea sincero con Dios. Cuéntele sus necesidades. (¡El ya las sabe, pero a usted le ayudará entregarle el control a él!) ¡Agradézcale de antemano porque suple sus necesidades!

# DIA 3

## Cómo Restaura Cristo el Lugar de Trabajo

*El lugar de trabajo que Cristo restaura*

Si el propósito de Jesús sólo hubiera sido el de ejemplificar el programa del reino de Dios en el lugar de trabajo, eso sería suficiente para que lo emuláramos. Afortunadamente, Jesús es mucho más que un ejemplo. El es "el camino, la verdad y la vida" (Juan 14:6). ¡Jesús vino para restaurar el lugar de trabajo como Dios originalmente quería! Cuando nos apoyamos en su poder, nos sumamos a él en el trabajo del reino.

*Jesús le dijo: "Yo soy el camino, la verdad y la vida; nadie viene al Padre, sino por mí"* (Juan 14:6).

Hoy estudiaremos cómo Jesús restaura el lugar de trabajo al cambiar vidas, relaciones, conducta y productividad de los trabajadores en su reino.

**CRISTO CAMBIA VIDAS**

Jesús empieza a restaurar nuestros lugares de trabajo por medio de restaurarnos a una relación correcta con Dios. En cuanto estamos bien con Dios, vivimos de una forma distinta. Tenemos nuevas prioridades en el trabajo. El relato de Zaqueo ilustra cómo Cristo cambia vidas.

**Jesús empieza a restaurar nuestros lugares de trabajo por medio de restaurarnos a una correcta relación con Dios.**

✝ **En su propia Biblia, lea el relato de Zaqueo en Lucas 19:1-10. Identifique los cambios que Jesús efectuó en Zaqueo y su vida de trabajo. Subraye lo que Zaqueo decidió hacer distinto después de su encuentro con Jesús.**

Zaqueo, el odiado recaudador de impuestos, nació de nuevo: la salvación había llegado a su casa. Cuando una persona se arrepiente y nace de nuevo, Cristo perdona los pecados, quita la culpa, cura las heridas y da vida. La antigua naturaleza pecaminosa dio paso a la nueva naturaleza: la naturaleza de Cristo. Esto es lo que le sucedió a Zaqueo. Perdonado y restaurado a una relación correcta con Dios, dio la mitad de sus riquezas a los pobres y devolvió por cuadruplicado la cantidad que había tomado de aquellos a quienes había estafado.

Jesús restaura el lugar de trabajo redimiendo y cambiando vidas. Al empezar a cambiar cada vida individualmente, todo a su alrededor cambia también. El pecado ya no se enseñorea [controla] sobre la persona porque: "De modo que si alguno está en Cristo, nueva criatura es; las cosas viejas pasaron; he aquí todas son hechas nuevas" (2 Cor. 5:17).

Zaqueo demostró el fruto del arrepentimiento por la forma como realizó su trabajo. Como Zaqueo, nuestra vida de trabajo debe mostrar las diferencias de una vida cambiada por Cristo.

**Nuestra vida de trabajo debe mostrar las diferencias en una vida cambiada por Cristo.**

## CRISTO CAMBIA LAS RELACIONES

En el lugar de trabajo actual, las consecuencias del pecado causan rupturas en las relaciones. Cristo entra a nuestro ambiente de trabajo como el Príncipe de Paz. Cuando su poder se desata, las relaciones se restauran y prevalece el amor a Dios y al prójimo.

¿Le parece que esta descripción del lugar de trabajo ideal es imposible de lograr? Aunque el proceso lleve tiempo —y por supuesto requiere oración y nuestra colaboración— Cristo puede empezar a trabajar como levadura en una bola de masa. La influencia amante de Dios puede extenderse de un área a la otra hasta que satura todo.

Sean cuales fueren nuestras circunstancias, podemos tener la paz interior que Cristo da, aun en medio de las tormentas de la vida. El programa de su reino nos llama a crecer en paz y armonía en el contexto del amor. Cuando estamos llenos de la presencia de Cristo y su amor, ese amor se desborda a nuestro alrededor.

Por medio de su Palabra, Cristo da pautas claras sobre la manera cómo los creyentes deben tratar a sus prójimos. Cuando se obedecen estas pautas, las relaciones entre las personas mejoran. Las relaciones correctas entre compañeros de trabajo mejorarán significativamente el ambiente en su lugar de trabajo.

*El lugar de trabajo que Cristo restaura*

*"Más bien, sed bondadosos y misericordiosos los unos con los otros, perdonándoos unos a otros, como Dios también os perdonó a vosotros en Cristo"* (Ef. 4:32).

✝ **Piense en sus relaciones con un compañero de trabajo que necesitan mejorar. ¿Cómo afectaría esa relación si usted respondiera a él con afecto?**__________________________

___________________________________________

## CRISTO CAMBIA LA CONDUCTA Y PRODUCTIVIDAD

✝ **Lea en su Biblia Tito 2:9-14. En el margen liste algunas de las características del carácter de la persona controlada por Cristo.**

Pablo llamó a los cristianos a ser obedientes, buenos, pacíficos, considerados, humildes, controlados, rectos, dignos de confianza, templados, respetuosos, amorosos, persistentes, sobrios, puros, amables y sujetos a las autoridades. Si los trabajadores cristianos actúan siguiendo estas normas, sus compañeros de labor notarán la diferencia. Como dijo el faraón acerca de José, los que lo rodean en el trabajo dirán: "¿Podremos hallar otro hombre como éste, en quien esté el espíritu de Dios?" (Gén. 41:38).

Cuando actuamos con "amor, gozo, paz, paciencia, benignidad, bondad, fe, mansedumbre

*"En esto es glorificado mi Padre: en que llevéis mucho fruto y seáis mis discípulos"* (Juan 15:8).

*"Su divino poder nos ha concedido todas las cosas que pertenecen a la vida y a la piedad por medio del conocimiento de aquel que nos llamó por su propia gloria y excelencia. Mediante ellas nos han sido dadas preciosas y grandísimas promesas, para que por ellas seáis hechos participantes de la naturaleza divina, después de haber huido de la corrupción que hay en el mundo debido a las bajas pasiones"* (2 Ped. 1:3, 4).

y dominio propio" (Gál. 5:22, 23), mostramos el poder del Espíritu Santo dentro nuestro. La vida que da fruto espiritual se convierte en sal y luz (vea Mat. 5:13, 14) en un mundo que funciona según un programa enfocado en sí mismo.

† **Lea en el margen Juan 15:8. Dar fruto, ¿qué le demuestra a un mundo que nos observa?** ______________________________

______________________________________

Cristo le hace fructífero a fin de mostrar al mundo que usted es su discípulo. Cuando usted colabora con Dios, su vida demostrará paz, entusiasmo, idoneidad y una influencia piadosa. Dios puede trabajar por medio suyo de tal manera que capte la atención de quienes trabajan con usted. Podrá quizá tener la oportunidad de contarle a sus compañeros de trabajo por qué Dios bendice su trabajo.

## CRISTO ES SUFICIENTE

Muchas veces justificamos nuestra conducta en el trabajo. Decimos: "Si no hubiera tanto pecado y si nuestros compañeros de trabajo no fueran tan interesados, nuestras reacciones serían mucho más agradables a Dios."

† **Lea en el margen 2 Pedro 1:3, 4. Por medio del poder divino de Jesús, ¿qué nos es dado?**

__ estima __ amor y un sentido de aceptación
__ seguridad __ alimento
__ todo lo que necesitamos

† **¿Qué privilegio recibimos como promesa de Dios?**

__ Podemos ser partícipes de la naturaleza divina.

__ Podemos lograr riquezas.

__ Podemos ejercer poder sobre un reino terrenal.

✝ **¿De qué nos escapamos por medio de su poder divino?**

__ prácticas injustas en el trabajo

__ la corrupción del mundo

__ que nos despidan del trabajo

Pedro nos asegura que Cristo es suficiente para todo en el lugar de trabajo. Todas nuestras excusas por nuestras reacciones impías palidecen cuando nos posicionamos del lado de las promesas de Dios. ¡Tenemos la victoria por medio de él que vence al mundo!

**Estrategia de oración:** Agradezca a Dios su suficiencia en el lugar donde usted trabaja. Pídale que restaure su confianza en las promesas divinas. Pídale que él actúe para que sus relaciones, conducta y productividad se conformen a su voluntad.

*El lugar de trabajo que Cristo restaura*

# DIA 4
## Pasos hacia la Restauración

Arturo es uno de los colegas de Dios que trabaja "entre bastidores". Ayuda a muchos que están sufriendo mucho dolor en sus vidas. El comprende ese sufrimiento; lo ha vivido. A los 18 años de edad Arturo perdió su pierna izquierda en un accidente de motocicleta. Luchó durante años contra la depresión, empezó sus estudios universitarios pero los abandonó y, finalmente, se puso a trabajar en una ferretería.

Ahora trabaja para una compañía que fabrica brazos y piernas artificiales. Porque conoce por experiencia los problemas relacionados con la colocación de las prótesis, Arturo sabe la importancia de hacer por otros "todo lo que queráis que... hagan por vosotros..." (Mat. 7:12). Por primera vez está encontrando verdadera satisfacción en su trabajo.

Para que Cristo restaure nuestros lugares de trabajo, tenemos que estar dispuestos a tomar tres pasos en la dirección contraria al programa del mundo:

- Tenemos que reorientar nuestras vidas hacia la soberanía de Dios;
- Tenemos que dejar a un lado nuestro propio programa;
- Tenemos que aceptar una estrategia de trabajo del reino.

*"Si alguno quiere venir en pos de mí, niéguese a sí mismo, tome su cruz cada día y sígame"* (Luc. 9:23).

✝ **Jesús nos presentó estos pasos en Lucas 9:23. Léalos en el margen. Subraye los tres pasos tales como Jesús los presentó.**

## SIGAME

**Paso 1: ¡Reorientemos nuestras vidas hacia la soberanía de Dios!**

Aunque las palabras de Jesús en Lucas 9:23 terminan con "sígame", seguirle es en realidad el punto de partida para reorientar nuestras vidas hacia la soberanía de Dios.

¿Recuerda de nuestro estudio la semana 1, día 2 que adoptamos el programa del mundo cuando rechazamos la soberanía de Dios, nos centramos en nosotros mismos y tratamos de satisfacer nuestras necesidades separados de Dios? Tenemos que tomar pasos en la dirección contraria para vivir según el programa del reino. Este proceso se conoce como arrepentimiento, volviéndonos de los caminos del mundo y andando por los caminos de Dios. El primer mensaje de

Jesús fue muy sencillo: "¡Arrepentíos, porque el reino de los cielos se ha acercado!" (Mat. 4:17).

¡No hay mejor lugar para empezar a reorientarse que en su vida de oración! Al buscar a Dios en un lugar quieto, diríjase a él usando palabras que indican su posición soberana: Señor, Dios Todopoderoso, Padre Eterno, Rey de reyes, etc. Recuérdele que usted sabe cuál es la posición de él. Para muchos, orar de rodillas demuestra una percepción de la soberanía de Dios.

Dígale a Dios, como Soberano, que tiene derecho a trazar un programa para usted. Asegúrele que está dispuesto a ser usado para cumplir sus propósitos, ¡y para su gloria!

*El lugar de trabajo que Cristo restaura*

† **Reaccione a esta afirmación: Nuestra verdadera lucha no es entender la voluntad de Dios; es escoger hacer la voluntad de Dios.**

❑ concuerdo ❑ no concuerdo

## NIEGUESE A SI MISMO

**Paso 2: Dejemos a un lado nuestro propio programa.**

En Lucas 9:23, Jesús explica que a fin de ser su discípulo es necesario negarse a sí mismo. El programa del mundo nos enseña una manera de trabajar autosuficiente, autosatisfactoria, egocéntrica. Descarta a Dios. El egocentrismo es una invitación a que nos domine algún aspecto de la naturaleza humana. El pecado es el resultado.

† **¿Qué tendría que negar usted a fin de seguir a Cristo? ¿Su enfoque del "yo" incluye algún pecado? De ser así, confiéselo ahora.**

¡El programa del reino comienza donde usted y yo terminamos! Es un apartarse del egocentrismo y acercarse al "teocentrismo". Morir al yo es algo que tenemos que hacer cada día a fin de dejar a un lado nuestro propio programa.

**Paso 3: ¡Acepte una estrategia de trabajo del reino!**

## TOME SU CRUZ

Tomar su cruz requiere una obediencia cotidiana a la voluntad de Dios. El quiere ser Señor y Amo. Ser señor de su propia vida causará que la pierda, es decir, perderse la vida abundante y plena que Dios tiene la intención que sea.

Tomar su cruz da una nueva definición de lo que es triunfar en términos del reino: Hacer todo lo que hacemos para la gloria de Dios. Es ser competente para la gloria de Dios, entendiendo que somos ciudadanos de su reino. El es el Rey. Nosotros somos los trabajadores de su reino. El redacta nuestra descripción de tareas.

En esta nueva relación de colegas con Dios, él es soberano sobre cada aspecto de la vida. La estrategia de la vida y el trabajo surge de una relación cotidiana íntima con él. Aceptar una estrategia de trabajo del reino significa:

- permitir que Dios satisfaga sus necesidades;
- dar a Dios el mérito por su actividad creadora y redentora;
- confiar que Dios lo sustentará y protegerá;
- elegir amar a Dios más de lo que se ama a sí mismo;
- elegir amar a sus prójimos en la forma sacrificial en que Jesucristo le ama a usted.

Durante las semanas 5 y 6 enfocaremos las dos dimensiones en que cumplimos nuestra descripción de tareas del reino: desarrollando el carácter de un trabajador del reino y realizando el trabajo del reino.

*"Y todo lo que hagáis, hacedlo de buen ánimo como para el Señor y no para los hombres, sabiendo que del Señor recibiréis la recompensa de la herencia"* (Col. 3:23, 24).

† **Pablo, en Colosenses 3:23, 24, describe al trabajador del reino. Lea el pasaje en el margen y conteste las siguientes preguntas:**

¿A quién estamos sirviendo en el trabajo?

__ nosotros mismos __ nuestros jefes

__ al Señor Jesucristo

✝ **¿En qué consiste el éxito en términos del reino?**
❑ felicidad
❑ hacer todo lo que hacemos para gloria de Dios
❑ independencia económica

*El lugar de trabajo que Cristo restaura*

✝ **¿Por qué debemos ser competentes en nuestro trabajo?**
__ para conseguir una promoción
__ para ganar más dinero
__ porque representamos al Señor

**Estrategia de oración:** Repase los tres pasos para lograr la restauración del lugar de trabajo. ¿Está usted comprometido con los tres? De ser así, alabe a Dios por haberle dado el poder para seguirle.

# DIA 5
## La Experiencia de un Lugar de Trabajo Restaurado

*"Contestó Jesús: —Mi reino no es de este mundo. Si mi reino fuera de este mundo, mis servidores pelearían para que yo no fuera entregado a los judíos. Ahora, pues, mi reino no es de aquí"* (Juan 18:36).

Lucita trabajaba como asistente de un profesor en una universidad. Su jefe, ateo "sin pelos en la lengua", descargaba su mal humor y sus injurias en sus empleados. Muchas tardes, Lucita salía de la oficina bañada en lágrimas, orando que el Señor le diera otro trabajo.

Cuando al profesor le diagnosticaron un cáncer galopante, Lucita sintió que Dios le mandaba que lo visitara en el hospital. Así lo hizo todos los días durante siete semanas. Poco a poco el profesor empezaba a buscar respuestas. Dejó que Lucita le leyera la Biblia y orara en voz alta

**Cuando Cristo restaura el lugar de trabajo, no lo convierte en un ambiente perfecto en el cual trabajar.**

*"El reino de los cielos es semejante al grano de mostaza que un hombre tomó y sembró en su campo. Esta es la más pequeña de todas las semillas; pero cuando crece, es la más grande de las hortalizas y se convierte en árbol, de modo que vienen las aves del cielo y hacen nidos en sus ramas"* (Mat 13:31, 32).

por él. Y, un día, murió. Lucita nunca supo si su testimonio había hecho un impacto o no. Pero fue fiel a su Señor y a su nombre: "Luz". Eso es exactamente lo que ella fue: una lucecita brillando en la oscuridad de un mundo pervertido por el pecado.

Cuando Cristo restaura el lugar de trabajo, no lo convierte en un ambiente perfecto en el cual trabajar. El lugar de trabajo que Cristo restaura sucede en el corazón de la persona, la persona que ha sido cambiada por su relación con Jesucristo. Aun si el mundo que nos rodea funciona de acuerdo con su propio programa, el cristiano sirve a un Señor diferente. Está en el mundo, pero no es de este mundo. El es el único Dios verdadero.

## ILUSTRACIONES DEL REINO

Jesús vivió y trabajó como ciudadano del reino de Dios. Rendía cuentas a un solo Jefe, aunque era siervo de todos. Jesús vivía cotidianamente la experiencia de una relación de colegas con Dios en que él cooperaba con un Dios soberano. Jesús nunca tuvo dudas sobre quién estaba al mando: su Padre.

Jesús reorientaba constantemente a sus discípulos hacia esta perspectiva del reino. Su enseñanza brindaba a sus discípulos pautas claras para vivir y trabajar en un mundo caído sin violar la posición soberana de Dios. Jesús les dio a sus discípulos una comprensión extraordinaria del corazón de Dios. ¡Les cambió totalmente su manera de pensar!

Jesús usó tres ilustraciones para ayudar a sus discípulos a entender el reino. Estas ilustraciones nos dan un "pantallazo" del lugar de trabajo que Cristo restaura cuando vivimos según el programa del reino.

## PEQUEÑAS SEMILLAS DE BENDICION

La primera ilustración es de una semilla de mostaza. A Dios le encanta tomar algo pequeño a los ojos del mundo y convertirlo en algo grande para bendición de otros y para su gloria. En el lugar de trabajo que Cristo restaura, los creyentes se contentan con ser "semillitas" y con permitir que Dios use sus actitudes y habilidades para enriquecer a otros. Una sonrisa alentadora, una nota expresando aprecio, una sugerencia que ahorra tiempo; estos sencillos actos de bondad bendicen a otros y glorifican a Dios.

*El lugar de trabajo que Cristo restaura*

*"No te maravilles de que te dije: 'Os es necesario nacer de nuevo.' El viento sopla de donde quiere, y oyes su sonido; pero no sabes ni de dónde viene ni a dónde va. Así es todo aquel que ha nacido del Espíritu"* (Juan 3:7, 8).

## LA SUAVE BRISA DE LA PRESENCIA DIVINA

La segunda ilustración es del viento. Jesús le explicó a Nicodemo que el misterio del origen y destino del viento se aplica a todo el que es nacido del Espíritu. El lugar de trabajo que Cristo restaura no puede ser explicado totalmente por factores y acciones humanos. La suave brisa del poder divino refuerza y levanta a los trabajadores cuando las situaciones son abrumadoras. Como un viento fresco en una cálida noche de verano, el Espíritu refresca el calor de la discusión y suaviza el ambiente discordante de las críticas y las quejas.

*"¿A qué compararé el reino de Dios? Es semejante a la levadura que una mujer tomó y escondió en tres medidas de harina, hasta que todo quedó leudado"* (Luc. 13:20, 21).

## LEVADURA QUE LEUDA TODA LA MASA

La tercera ilustración del reino es de la levadura que va actuando en la masa. En el lugar de trabajo que Cristo restaura, los trabajadores del reino son levadura que actúa a través de cada aspecto de las tareas que les son asignadas, afectando a toda la empresa.

Demasiados creyentes se contentan con dejar su levadura en un estante del templo en lugar de llevarla a un mundo aplastado por el mal. Nuestra labor como creyentes y como levadura es influir en nuestro lugar de trabajo, para que se levante hasta tener normas divinas de moralidad, urbanidad y sensibilidad, ¡la evidencia de que la levadura de Dios está en acción!

## EL REINO EN USTED

Al reflexionar en su lugar de trabajo, deje que las tres ilustraciones del reino le muestren lo que Cristo quiere realizar allí por medio de usted.

✝ **Al pensar en su influencia en su lugar de trabajo, ¿cómo ve usted que Dios quiere usarlo, o lo está usando?**

como una semilla de mostaza, "semillitas" de bendición ______________________________

como el viento, creando una suave brisa de su divina presencia ________________________

como levadura, afectando a todo el ambiente de trabajo para la gloria de Dios __________

El reino de Dios requiere una nueva manera de pensar que se da únicamente cuando hay un cambio en el corazón. Jesús nos da un nuevo sentido de maravilla hacia nuestro Creador. Cuando reconocemos la presencia y actividad soberana de Dios en nuestras vidas, ¡cambiamos! Cuando nosotros cambiamos, el mundo a nuestro alrededor también cambia.

**Estrategia de oración:** Pídale a Dios que lo use en su lugar de trabajo para ser una muestra del reino ante un mundo que observa. Dé gracias por las personas que le han sido de ejemplo como semillas de mostaza, viento y levadura, influyendo sobre el ambiente para Cristo dondequiera que están.

# Semana 5

## El Trabajador del Reino

Eduardo no se podía sacar las palabras de la cabeza: *Lo siento, pero la decisión ya ha sido tomada. Por favor, saque todos sus efectos personales de su escritorio para esta tarde. También entregue las llaves del auto de la compañía que se le había asignado.*

Eduardo no podía creer lo que su nuevo jefe había dicho ni la actitud indiferente con que lo había dicho. Acababa de volver de unas vacaciones que se había ganado como reconocimiento de su trabajo excepcional. Antes de que la compañía pasara a manos de nuevos dueños había sido promovido a gerente de distrito, uno de sólo cuatro en toda la nación. ¡Y ahora lo habían despedido!

Al levantar el aparato telefónico para llamar a su esposa, se preguntaba: ¿Por qué me pasó esto? Se sintió dominado por la ira y el pánico al tratar de entender lo que le acababa de suceder. ¿Cómo sostendré a mi familia? pensaba Eduardo.

Yo [Mike] era en ese entonces el pastor de Eduardo, un creyente relativamente nuevo y entusiasmado con su Señor. Me preguntaba qué estaría haciendo el Señor en esta situación. Cuando Eduardo vino para conversar conmigo, el Señor me guió hacia una nueva tarea para él. Tomé del estante detrás de mi escritorio un ejemplar del libro *Mi Experiencia con Dios* (conociendo y haciendo la voluntad de Dios) por Henry Blackaby y Claude King. Anteriormente Eduardo había estado demasiado ocupado para asistir a uno de los grupos de este estudio bíbli-

**Esta semana:**

- contrastará la motivación del mundo con la motivación del amor;
- desarrollará una fe activa en que conocer y confiar en Dios lleva a la obediencia;
- hará suyas las cinco "P" de una fe activa;
- escogerá un estilo de vida íntegro basado en una relación de amor con Jesucristo;
- empezará a desarrollar integridad, un pensamiento a la vez.

**Versículo para memorizar:**

*"Procura con diligencia presentarte a Dios aprobado, como obrero que no tiene de qué avergonzarse, que traza bien la palabra de verdad"* (2 Tim. 2:15).

co ¡pero ahora tendría tiempo de sobra! Les pedí a Eduardo y su esposa que asistieran a este estudio a fin de poder aprender cómo buscar la voluntad de Dios en esta situación.

Pasó casi un año antes de que Eduardo encontrara otro trabajo. Dios le dio un trabajo para su esposa, pero tenía otro trabajo que hacer con Eduardo en ese ínterin. Fue aprendiendo a tener la experiencia de la maravillosa presencia de Dios en maneras desconocidas hasta ese momento. Disfrutó de más tiempo con su esposa y dos hijos. Atendió a su madre que se encontraba muy enferma. Y, más importante aún, Eduardo descubrió lo que significa mantener una relación cotidiana con el Señor. Fue una etapa difícil para su familia, pero Dios la usó para hacer de Eduardo un "trabajador del reino".

Esta semana estudiaremos la primera de dos dimensiones para cumplir nuestra descripción de tareas del reino: *desarrollo del carácter de un trabajador del reino*. La segunda dimensión: *cumplimiento del trabajo del reino*, será enfocada la semana 6.

Durante esta semana observe cómo el amor, confianza e integridad se relacionan mutuamente y cómo esas cualidades definen a la persona que trabaja siguiendo el programa de Dios.

# DIA 1

## Cómo Encontrar La Mejor Motivación

*"El amor de Cristo nos impulsa"* (2 Cor. 5:14).

Roberto trataba de controlar su cólera al salir del comedor de la empresa. *¿Por qué recibió Juan un aumento tan grande? ¡Sé que he trabajado* *mucho mejor que él!* Sus pensamientos se agolpaban en su mente al tratar de encontrar respuestas. *¡El aumento que me dieron a mí es la mitad que el de él! ¡Juan es un lambiscón con los jefes! ¡Me revuelve el estómago ver cómo siempre lisonjea al jefe! ¡Qué injusticia!*

Apenas ayer Roberto estaba en el mejor de los ánimos. Había recibido una excelente evaluación de su trabajo y un aumento de sueldo mayor del que esperaba. Lleno de entusiasmo había llevado a su esposa a cenar a su restaurante favorito para celebrar. Ahora, Roberto se sentía como si le hubieran "serruchado el piso". Empezó a orar en silencio. *Señor, no quiero estar enojado ni celoso. Por favor, ayúdame a ver esta situación como la ves tú. ¡Ayúdame a centrarme en tu programa!*

## MOTIVACIONES DEL MUNDO

Roberto sintió la frustración que resulta de ser motivado por el programa del mundo. Los sistemas de recompensas del mundo se basan en intentos de satisfacer nuestras necesidades separados de Dios (necesidades fisiológicas, necesidad de seguridad, amor, estima y autorrealización). Veamos cuatro características de las motivaciones del mundo:

*Las motivaciones del mundo son frágiles, temporales e inestables.* Se basan en los caprichos humanos o las circunstancias. Jesús reconoció la naturaleza inconstante de las multitudes que lo aclamaban rey un domingo y gritaban "¡Crucifícale!" el viernes siguiente. Podemos gozar hoy de un sueldo, de bonificaciones y una buena posición, y perderlos mañana.

*Las motivaciones del mundo siempre se centran en el yo.* La satisfacción de uno mismo es su meta. Por ejemplo, una promoción puede ser considerada un peldaño hacia el poder en la organización en lugar de un nuevo encargo de Dios y una oportunidad de servir a otros.

*Las motivaciones del mundo están dominadas por la naturaleza humana.* Por nuestra propia necesidad de sentirnos seguros o estimados, nos podemos sentir atraídos por una profesión que promete grandes riquezas. De la misma manera, podemos querer complacer a otros para recibir su afecto y sentirnos aceptados en lugar de querer obedecer a Dios.

*Las motivaciones del mundo no nos acercan a Dios.* En cambio, tienen la potencialidad de separarnos de él. Equivocadamente confiamos en nuestra propia habilidad, educación o relaciones y no confiamos en Dios para nuestro sustento.

✝ **Escriba M (concepto del mundo) junto a cada motivación que se aplique:**

__control __más dinero __promoción __prestigio

__el amor de Cristo __premios __bonificaciones

__poder __reconocimiento __amor al prójimo

__tener un auto de la empresa __amor a Dios

## MOTIVACION DEL REINO

La motivación del reino es muy sencilla: nuestra relación de amor con Jesucristo. "Nosotros amamos, porque él nos amó primero" (1 Jn. 4:19).

Jesús demostró su amor por nosotros cuando dejó voluntariamente sus privilegios y riquezas del cielo para convertirse en un humilde siervo. ¡En la cruz, Jesús fue humillado, azotado, escarnecido, objeto de burlas, torturado y matado! Se trataba de su trabajo, encargado por su Padre. No recibió ninguna recompensa ni bonificación terrenal.

¿Por qué murió Jesús? Ciertamente tenía el poder para detener todo el proceso. Pero escogió someterse a la voluntad de su Padre por la más grande motivación que existe: ¡el amor! Su amor por su Padre y por nosotros motivó a Jesucristo. De la misma manera nosotros —los obreros en su reino— somos motivados por nuestro amor a él.

**† Los obreros del reino aman porque _____**

**______________________________________**

Las cuatro características de las motivaciones del mundo son totalmente lo opuesto a la motivación de amor del reino.

**Las motivaciones del mundo son totalmente lo opuesto a la motivación de amor del reino.**

*La motivación del reino es fuerte y digna de confianza.* Cuando somos motivados por el amor, las circunstancias no nos vencen. No nos amedrenta la inconstancia de la naturaleza humana. Edificamos sobre la roca sólida de la fe (Mat. 16:18).

*La motivación del reino se centra en Dios.* Jesús dijo que si queremos salvar nuestra vida, tenemos que perderla en servicio a él (Mat. 16:25). El amor al *yo* nos puede llevar a obtener muchos de los bienes del mundo, pero perderemos nuestra alma.

*La motivación del reino recibe poder de nuestra naturaleza divina.* La naturaleza humana anhela dominar; no obstante, por medio de Cristo podemos vencer esa tentación. Somos libres del dominio del pecado y contamos con el poder para vivir una vida que agrada a Dios (Col. 1:13, 14).

*La motivación del reino nos acerca más a Dios.* Tenemos mayor percepción de la presencia y el poder de Dios al reorientar nuestra vida hacia su autoridad. Trabajamos arduamente y llegamos a ser competentes en nuestro trabajo a fin de glorificar a Dios (Col. 3:17).

**✝ En el siguiente cuadro, llene los espacios en blanco que aparecen a la derecha:**

| Motivaciones del mundo | La motivación del reino |
|---|---|
| Frágiles, inestables | ________________ |
| Se centran en el yo | ________________ |
| Dominadas por la naturaleza humana | ________________ |
| Nos separan de Dios | ________________ |

## EL GRAN MANDAMIENTO

Jesús dijo que el gran mandamiento es: "Amarás al Señor tu Dios con todo tu corazón y con toda tu alma y con toda tu mente" (Mat. 22:37). ¿Cómo demostramos nuestro amor a Dios? ¡No tenemos que adivinarlo! Jesús expresó claramente cómo: "Si me amáis, guardaréis mis mandamientos" (Juan 14:15).

Cuando elegimos obedecerle como Señor en el lugar de trabajo, expresamos nuestro amor. Ese mismo amor, nuestra fuente más digna de confianza y constante motivación, nos anima y guía a tomar decisiones que son justas, honestas y redentoras en su naturaleza. Hacer nuestro trabajo como al Señor nos ayuda a reconocer y admitir su presencia y actividad y a realmente tener una experiencia con Dios en nuestra vida de trabajo.

**✝ Lea en su Biblia Romanos 12:9-21. Califíquese con respecto a las siguientes características del trabajador del reino** (1 es mínimo y 5 es máximo).

__ dedicado __ humilde __ alegre

__ pacificador __ paciente __ justo

**✝ Según Jesús, ¿cómo debemos expresar nuestro amor por él?** ________________

________________________________

**Estrategia de oración:** Confiese cualquier desobediencia en sus relaciones en el trabajo. Dé gracias a Dios por su presencia cariñosa. Comprométase a obedecerle hoy en su trabajo.

# DIA 2
## Cómo Desarrollar una Fe Práctica

*"Confía en Jehovah con todo tu corazón, y no te apoyes en tu propia inteligencia. Reconócelo en todos tus caminos, y él enderezará tus sendas"* (Prov. 3:5, 6).

Ana era supervisora en una fábrica. Un día, el jefe de personal le dijo que tenía que despedir a Jorge. Jorge tenía antecedentes de problemas de la columna vertebral y era un riesgo para la compañía; además, simpatizaba con el movimiento obrero.

Ana sabía que si quería conservar su trabajo, tenía que "armar un caso" contra Jorge, un buen trabajador y apreciado entre sus compañeros. Aunque no le hacía mucha gracia, Ana se justificaba diciendo que despedir a Jorge era lo mejor para la fábrica. Sencillamente tendría que dejar a un lado sus propios sentimientos.

Como Ana, tenemos la tendencia de limitar a Dios y depender del ingenio humano. El trabajador del reino tiene una creciente confianza en los caminos de Dios y su obra. Tal obrero toma decisiones basadas en su fe en Dios confiando en los resultados.

### UNA FE CRECIENTE

La fe de los discípulos aumentaba a medida que iban conociendo más íntimamente a Jesús. Su andar diario con él era tierra fértil en la cual las semillas de la fe eran plantadas, regadas, cultivadas y cuidadas hasta llegar a la madurez. De la

*"El entró en la barca, y sus discípulos le siguieron. Y de repente se levantó una tempestad tan grande en el mar que las olas cubrían la barca, pero él dormía. Y acercándose, le despertaron diciendo:*
*—¡Señor, sálvanos que perecemos!*
*Y él les dijo:*
*—¿Por qué estáis miedosos, hombres de poca fe? Entonces se levantó y reprendió a los vientos y al mar, y se hizo grande bonanza. Los hombres se maravillaron y decían:*
*—¿Qué clase de hombre es éste, que hasta los vientos y el mar le obedecen?"* (Mat. 8:23-27).

misma manera, cuanto más conocemos a Dios, más fuerte se hace nuestra fe práctica, resultando en un nivel más alto de confianza. La siguiente es una fórmula para una fe práctica. La probaremos aplicándola a la vida de los discípulos:

**Conocer + Confiar = Obedecer**

**Situación 1**

Estudiemos una de las primeras experiencias de los discípulos con Jesús y comparémosla con una posterior. Identifique las diferencias en la fe de los discípulos.

✝ **Lea en el margen Mateo 8:23-27. En la siguiente lista trace un círculo alrededor de las características que mejor describen la fe de los discípulos.**

- Temerosos debido a las circunstancias
- Confiaban en Jesús • Obedecieron a Jesús
- No comprendían quién era realmente Jesús
- Criticaban • Sabían quién era Jesús

**Situación 2**

Ahora lea el relato de la fe de los discípulos en algo que sucedió al final del ministerio terrenal de Jesús: "Cuando se acercaron a Jerusalén y llegaron a Betfagé, junto al monte de los Olivos, entonces Jesús envió a dos discípulos, diciéndoles: —Id a la aldea que está frente a vosotros, y en seguida hallaréis una asna atada, y un borriquillo con ella. Desatadla y traédmelos. Si alguien os dice algo, decidle: 'El Señor los necesita, y luego los enviará'... Los discípulos fueron e hicieron como Jesús les mandó" (Mat. 21:1-3, 6).

✝ **Considerando la segunda situación, trace un círculo alrededor de las características**

**que mejor describen la fe de los discípulos:**
- Temerosos debido a las circunstancias
- Confiaban en Jesús • Obedecieron a Jesús
- No comprendían quién era realmente Jesús
- Criticaban • Sabían quién era Jesús

**Los discípulos no sólo conocían mejor a Jesús, ¡sabían quién era!**

¿Nota una diferencia significativa en la fe de los discípulos al comparar los dos relatos? En la primera situación se sentían abrumados por lo que parecía una situación sin remedio. ¡No se daban cuenta quién estaba en la barca con ellos! Estaban limitados porque podían ver únicamente la potencialidad humana, no la potencialidad divina a su disposición a través de Jesús.

En este segundo ejemplo, los discípulos no preguntaron nada ni expresaron ninguna duda. Sencillamente confiaron en las palabras de Jesús y le obedecieron. ¡Hicieron lo que les dijo que hicieran con autoridad! La cuestión es que no sólo lo conocían más, ¡sabían quién era!

## UNA FE PRACTICA

Lo que creemos acerca de Dios afecta nuestra habilidad de verle obrando en nuestras vidas. Juzgamos muchas situaciones en el trabajo como lo hicieron los discípulos en la primera situación. Muchas veces limitamos las soluciones al nivel de la potencialidad humana.

Al ir conociéndole mejor y confiando más en él, nuestra fe aumenta, apoyada por la verdad de su Palabra y fortalecida por las pruebas de la vida. ¡Conocer, más confiar, es igual a obediencia! ¡Mire "a través de los ojos de la fe" para ver lo que Dios está haciendo!

✝ **Escriba la fórmula dada al principio del día 2:**

__________ + __________ =__________

† **Dé un ejemplo de cómo conocer y confiar en Cristo le capacita a fin de tener la fe necesaria para obedecerle en tiempos difíciles. Escriba su respuesta en el margen.**

Esta semana comparta la historia de su fe con otro creyente. Luego, si siente la dirección de Dios y tiene la oportunidad, compártala con un compañero de trabajo o amigo inconverso.

**Estrategia de oración:** Dé gracias a Dios por su maravillosa presencia en su vida. Exprésele su anhelo de conocerle mejor. Si está teniendo problemas en su trabajo, pídale a Jesús que le ayude. Recordando que "hasta los vientos y el mar le obedecen", ¡reclame su promesa de calmar las tormentas en su vida!

*"Y sin fe es imposible agradar a Dios, porque es necesario que el que se acerca a Dios crea que él existe y que es galardonador de los que le buscan"* (Heb. 11:6).

# DIA 3

## Una Fe Práctica en Acción

"¡Sencillamente tendrás que actuar con fe!", dijo el amigo de Héctor. Héctor estaba considerando abrir un nuevo negocio. Sentía la dirección de Dios, pero la idea significaba un riesgo financiero. Pagos de hipoteca, pago del coche, cuentas médicas, impuestos; en fin, los gastos de la vida llenaban su presupuesto. "Si pudiera planificar para el futuro, sé que puedo lograr que todo ande perfectamente", pensó Héctor.

Como Héctor, a la mayoría nos resulta difícil "actuar con fe". Queremos que todo esté en su lugar con anterioridad. Nos sentimos atrapados por nuestro éxito material y la presión por adquirir más. Estamos esclavizados por las cosas que justamente decimos poseer. Terminamos por confiar en nuestra propia habilidad de poseerlas y mantenerlas.

Todos tenemos fe en algo. La naturaleza humana nos lleva a equivocarnos y tenerla en nosotros mismos. Pero nuestra fe debe ser en el único Dios verdadero y en su Hijo, Jesucristo. Confíe en las cinco "P" de una fe práctica: la presencia, el propósito, la protección, las prioridades y la providencia de Dios en nuestra vida. Cuando colaboramos con él como colegas nos sumamos a su labor de restaurar el lugar de trabajo.

**Seguir a Jesús puede resultar en que seamos perseguidos.**

## CONFIE EN LA PRESENCIA DE DIOS

¿Cree usted que Dios está presente en su lugar de trabajo? ¡Lo está! Jesús dijo: "Yo estoy con vosotros todos los días" (Mat. 28:20). Los fariseos le preguntaron a Jesús sobre la llegada del reino de Dios. Les contestó de esta manera: "El reino de Dios no vendrá con advertencia. No dirán: '¡Mirad, aquí está!' o '¡Allí está!' Porque el reino de Dios está en medio de vosotros" (Luc. 17:20, 21). Cuando somos "nacidos de nuevo", el Espíritu Santo de Dios mora en nosotros. Confíe en la presencia de Dios.

✝ **En el trabajo, ¿bajo qué circunstancias tiende a sentir que Dios está ausente?**

________________________________________

✝ **¿Cuándo tiende a sentir la presencia de Dios?**

________________________________________

## CONFIE EN EL PROPOSITO DE DIOS

Como trabajadores en el reino de Dios tenemos que confiar que Dios tiene un propósito para nuestra vida. Pablo dijo: "Dios es el que produce en vosotros tanto el querer como el hacer, para cumplir su buena voluntad" (Fil. 2:13).

Una participante de una brigada misionera preguntó en cierta oportunidad: "¿Por qué es tan fácil compartir mi fe aquí en el campo misionero, cuando en mi propio medio ambiente hasta miedo me da de hablar de Dios?"

Una de sus compañeras de equipo observó: "Es porque aquí vinimos con un solo propósito: ¡compartir a Cristo!" La joven volvió a su casa, y en un lapso de dos meses había llevado a Cristo a 18 de sus compañeros estudiantes y compañeros de trabajo.

Tenemos un solo propósito ¡el de Dios! Tenemos que confiar en el propósito de Dios.

✝ **¿Cree que haya un propósito para usted en su lugar de trabajo actual? Si es así, escríbalo en el margen. En caso contrario, redacte una oración pidiendo a Dios que se lo revele.**

## CONFIE EN LA PROTECCION DE DIOS

Cuando David escribió en el Salmo 23: "Jehovah es mi pastor", se estaba refiriendo a una fe práctica en la protección de Dios. El pastor vigilaba a sus ovejas y las protegía de los peligros, por ejemplo: los lobos y los profundos barrancos.

De una manera similar Dios se alza entre usted y todo el mal que rodea su vida. "No temeré mal alguno", dijo David más adelante. No tenemos mayor seguridad en la vida que el conocimiento de que él está siempre con nosotros.

Muchas veces en el trabajo hay que tomar decisiones difíciles. Quizá tengamos que oponernos a algo malo o negarnos a hacer un trabajo deshonesto, inmoral o no ético. Jesús nos advirtió que seguirle a él podía resultar en que seamos perseguidos. Dijo: "Si a mí me han perseguido, también a vosotros os perseguirán" (Juan 15:20).

Aunque él puede usar la adversidad para fortalecer nuestro carácter, no debemos probar neciamente a Dios por medio de tomar decisiones impulsivas. Cuando llegan los momentos difíciles, pregúntele al Señor: "¿Qué tienes para que yo aprenda por medio de este momento de prueba?" El acoso y ni siquiera la perspectiva de perder el trabajo pueden justificar la desobediencia. ¡Dios es nuestra fortaleza y nuestro libertador!

† **¿Ha sido usted perseguido por hacer el bien en su lugar de trabajo?** ❑ sí ❑ no
En caso afirmativo ore para poder estar firme. Ore por los creyentes en todo el mundo que sufren por su fe.

**CONFIE EN LAS PRIORIDADES DE DIOS**

Todas nuestras decisiones son determinadas por nuestras prioridades. Jesús dijo: "Buscad primeramente el reino de Dios" (Mat. 6:33).

**Clasifique lo siguiente en el orden de influencia sobre su vida de trabajo. Trate de ser lo más honesto posible con sus respuestas.**

__ Opiniones de mis compañeros de trabajo
__ Necesidades de mi familia
__ Seguridad de conservar mi trabajo
__ Expectaciones de mi jefe
__ Metas personales para mi carrera
__ Relación con Dios

La mayoría de los trabajos no incluirían su relación con Dios entre las dos o tres primeras prioridades. Pero si realmente aceptamos su soberanía sobre nuestro trabajo nuestra relación con Dios tiene que ser nuestra primera prioridad. Tenemos que dejar que Dios influya sobre la manera como establecemos las prioridades de nuestra vida de trabajo y dejar el resultado en sus manos.

**CONFIE EN LA PROVIDENCIA DE DIOS**

¡Ricardo lo tenía todo! Era joven y gozaba de perfecta salud. Cierto día, en el trabajo, cayó de cabeza desde la ventana de un segundo piso a un patio de cemento. No podía moverse. Más adelante los doctores le comunicaron que se había dañado gravemente la columna. La vida de Ricardo había cambiado totalmente en un segundo. Ya no podía trabajar. ¿Cómo iba a mantener a su familia?

Dios está sustentando a Ricardo ahora, tal como lo hiciera antes de su accidente. Hasta el momento, Dios ha provisto por medio de la esposa e hijos de Ricardo, sus parientes, amigos, programas del estado y la iglesia. Aunque ahora Dios provee lo necesario de otra manera, su providencia sigue siendo constante.

En cierto sentido, Ricardo tiene más que antes. Depende más de Dios y tiene una relación más íntima con él. También tiene una percepción mayor de la providencia de Dios y la agradece. En nuestra sociedad creemos decididamente en nuestras propias habilidades y muchas veces somos ciegos y no vemos al que realmente todo lo provee. El trabajador del reino colabora con Dios y confía en su providencia.

† **Escriba en el margen las 5 "P" de una fe práctica. Repase el material del día 3 si necesita ayuda.**

**Estrategia de oración:** Pida a Dios que lo rodee de su presencia, que redefina sus prioridades y lo use para cumplir sus propósitos. Agradézcale su protección y providencia. Alábele, ¡él es Rey!

# DIA 4
## Una Reputación de Integridad

Sara se crió en una familia muy competitiva. Su padre y dos hermanos son médicos. Su mamá es abogada. Siempre siente presión a actuar de acuerdo con el alto nivel que ellos han logrado.

Sara es enfermera y hace poco cometió un grave error en su trabajo, algo que era una violación de los reglamentos del hospital. Cuando le preguntaron sobre el asunto, Sara le mintió a su supervisora. Tenía miedo de perder su trabajo y de avergonzar a su padre, que formaba parte del cuerpo directivo. La mentira de Sara no fue descubierta y otra enfermera fue acusada y suspendida.

Sara se sentía culpable de dejar que una compañera inocente fuera castigada por su error. Sin embargo, no podía aguantar la idea de que sus padres supieran de su fracaso. En su mente Sara justificaba sus acciones. Tenía que proteger la integridad de su familia.

Según el mundo, integridad es mantener una buena imagen delante de los demás. No obstante, esta imagen va desapareciendo rápidamente con las presiones cotidianas del lugar de trabajo. La Palabra de Dios dice: "Hay un camino que al hombre le parece derecho, pero que al final es camino de muerte" (Prov. 14:12).

La verdadera integridad es un reflejo del carácter de Dios. La palabra integridad se deriva del Latín *integritas*, que significa *entero o completo.* Integridad significa funcionar como una persona entera de manera que los pensamientos palabras y acciones sean consecuentes.

*"Mostrándote en todo como ejemplo de buenas obras. Demuestra en tu enseñanza integridad"* (Tito 2:7).

**Debemos dar a Cristo acceso a cada parte de nuestra vida.**

**La integridad es el reflejo exterior de una relación íntima con Dios.**

## COMO SE DESARROLLA LA INTEGRIDAD

Bajo circunstancias difíciles todos podemos comprometer lo que sabemos que es correcto. Somos compañeros de lucha en un mundo que no ha sido totalmente redimido. Somos como el apóstol Pablo que dijo: "Porque no hago el bien que quiero; sino al contrario, el mal que no quiero, eso practico" (Rom. 7:19). La fuerza que necesitamos para tomar las decisiones correctas en nuestras vidas sólo está a nuestra disposición por medio de Jesucristo. La integridad es un resultado de una relación correcta con él.

† **Tome esta "Prueba de mi integridad" trazando un círculo alrededor de la respuesta que se aplica a su vida. ¿Puede usted:**

- resistir la tentación de querer quedar bien a expensas de otra persona? Sí No
- resistir la tentación de exagerar la calidad de un producto a fin de poder venderlo? Sí No
- resistirse a alterar a su favor su rendición de cuentas cuando siente que no le han pagado lo justo? Sí No
- resistir el deseo de participar en los chismes de la empresa? Sí No
- resisitirse a decir una mentira para evitar problemas? Sí No
- resistirse a aprovechar la oportunidad de copiar ilícitamente un programa de computadora? Sí No
- resistir la tentación de reportarse como enfermo cuando en realidad lo que quiere es tomarse un día libre? Sí No
- cumplir sus promesas, aun cuando ya no le conviene? Sí No

## COMO SE MANTIENE LA INTEGRIDAD

Hacia el final de su vida, el rey David dijo: "Yo sé, oh Dios mío, que tú pruebas el corazón y que te agrada la rectitud" (1 Crón. 29:17). David, con su corazón dispuesto hacia Dios, sabía que la integridad surge de la relación de amor con Dios.

† **Lea y medite el Salmo 15. Liste varias características de la integridad que este pasaje revela.** ______________________

______________________________________

______________________________________

Note que hacia el final del salmo David escribe:
*"¡El que hace estas cosas*
*no será movido jamás!"* (Sal. 15:5)

A fin de que seamos totalmente íntegros, tenemos que dejar que Cristo tenga acceso a cada parte de nuestra vida. Dios promete un fundamento firme para los que deciden afirmarse en una manera de vivir que a él le agrada. (Vea Col. 2:6, 7.)

**Debemos dar a Cristo acceso a cada parte de nuestra vida.**

† **Escriba una R (significando camino del reino) y una M (camino del mundo) para identificar a cada una de las siguientes descripciones.**

__ Cumplir nuestros compromisos.
__ Procurar la reconciliación.
__ Devolver el ataque; entablar juicio.
__ Dar el mérito a Dios.
__ Hablar la verdad en amor.
__ Decir lo que sea para beneficiarnos.
__ Dejar que Dios desarrolle su imagen en nosotros.
__ Desarrollar una buena imagen de nosotros mismos.
__ Cumplir los compromisos que nos benefician.

✝ **En sus palabras, describa la relación entre amor, fe e integridad.** ____________

________________________________________

________________________________________

Ser un trabajador del reino comienza con una relación de amor con Jesucristo, madura con una fe práctica y culmina con una íntegra manera de vivir. Desafortunadamente somos incapaces de vernos con objetividad a nosotros mismos. Necesitamos las opiniones de los que nos aman en Cristo. Al ser responsables ante nuestros hermanos creyentes, humillamos nuestros corazones y crecemos en la gracia.

✝ **¿Está manteniendo usted una relación personal de amor con Cristo por medio de una hora regular de oración y estudio bíblico?**
❑ sí ❑ no

**¿Cuenta con un compañero o grupo ante el cual es responsable y del cual recibe opiniones sobre su andar cristiano?** ❑ sí ❑ no

Durante la semana 6 aprenderá usted cómo organizar un grupo en el trabajo que le puede dar sus opiniones. Empiece a pensar en maneras cómo puede dar y recibir aliento de sus hermanos creyentes en su lugar de trabajo o vocación.

**Estrategia de oración:** Pídale a Dios que le muestre cualquier área de su vida de trabajo que él no controla. Confiese su deseo de hacer la voluntad de Dios en todas las áreas. Pídale que le ayude a trabajar con una integridad auténtica.

# DIA 5

## ¡Desarrollemos Integridad con un Pensamiento a la Vez!

Raúl era un brillante y joven educador. Avanzó rápidamente en su carrera; era director de una de las escuelas secundarias más grandes de la región. Asistía regularmente a la iglesia con su esposa y dos hijas.

¡No es de sorprender que la noticia de que tenía una relación amorosa con una maestra sacudió a toda la comunidad! A algunos de los alumnos les pareció excelente, pero Raúl sabía que su conducta egoísta había lastimado a muchos: su esposa, sus hijas, sus alumnos y a la maestra con quien tenía la relación, a sus colegas, amigos, su iglesia y comunidad. Se dio cuenta de la magnitud de su pecado y se sintió lleno de remordimientos.

Como sucede con frecuencia, los problemas de Raúl empezaron realmente mucho antes. Cuando tenía 11 años un pariente le dio una revista pornográfica. Aunque de adolescente era activo en su iglesia y en organizaciones cristianas, siguió mirando pornografía. Después, en sus años de universitario, empezó a tener relaciones sexuales promiscuas que se convirtieron en un hábito. De casado, Raúl tuvo varias relaciones fuera de su matrimonio, de las cuales su esposa nunca se había enterado... ¡hasta ahora! La vida de Raúl se caracterizaba por su infidelidad.

Su patrón de conducta en este sentido no empezó un día de la nada. Se fue estableciendo a lo largo de los años y a través del tiempo. Reconocer estas modalidades en nuestra vida es un paso importante para lograr ser personas íntegras.

*"No os conforméis a este mundo; más bien, transformaos por la renovación de vuestro entendimiento, de modo que comprobéis cuál sea la voluntad de Dios, buena, agradable y perfecta"* (Rom. 12:2).

## RECONOZCA SUS PATRONES DE CONDUCTA

Lo que somos se va formando día tras día según lo demuestra la siguiente ilustración. Esta ilustración nos ayuda a identificar los patrones de conducta que nos llevan a la integridad (ser enteros) o nos alejan de ella.

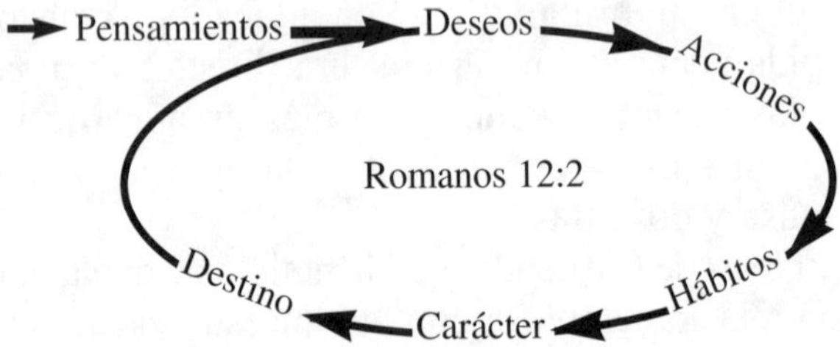


† **Use la ilustración anterior para analizar la experiencia de Raúl. Compare su respuesta con la que aparece en el párrafo siguiente.**

Las fotos pornográficas que Raúl miraba influyeron sobre su manera de pensar, sobre sus pensamientos. Estos pensamientos reforzaron ciertos deseos. Sus deseos pronto empezaron a influir sobre sus acciones. Estas acciones se convirtieron en hábitos. Estos hábitos terminaron por dar forma al carácter. Por último, ¡su carácter determinó su destino! El mal se estableció en la vida de Raúl al ir siguiendo este tren de conducta.

† **Seleccione una acción o un hábito en su vida que refleja una necesidad de volver a la integridad. Escríbala en la columna: *"Acción-/Hábito"* en el siguiente cuadro. Pregúntese por qué hace usted esto y luego escriba su respuesta en la columna: *"Deseos/Motivos"*. Considere los pensamientos que dan forma**

**a esos deseos y motivaciones. Escríbalos bajo la columna "Pensamientos". Incluimos un ejemplo.**

| Acción/Hábito | Deseos/Motivaciones | Pensamientos |
|---|---|---|
| Mentiritas "blancas" | Salir de un problema o evitarlo | Quedar bien ante los demás o parecer puro |
| ___________ | _______________ | ___________ |
| ___________ | _______________ | ___________ |

La integridad es un reflejo de Dios trabajando en nuestras vidas. Resulta de nuestra disposición de colaborar con la dirección del Espíritu Santo de Dios. Cuando tenemos una auténtica relación de amor con Dios, deseamos tomar decisiones que le agraden. Estas decisiones ayudan a formar hábitos de conducta que llevan a la integridad.

Cuando constantemente tomamos decisiones contrarias a la voluntad de Dios, empezamos una reacción en cadena que nos va apartando de una vida caracterizada por la integridad. Resulta interesante que el mismo patrón de pensamientos, deseos, acciones, hábitos, carácter y destino nos puede llevar a finales tan distintos, dependiendo de lo que vamos decidiendo.

## BASE SUS PATRONES DE CONDUCTA EN PENSAMIENTOS QUE HONRAN A DIOS

**La verdadera integridad es desarrollada con un pensamiento a la vez.**

No podemos experimentar un cambio permanente por simplemente decidir romper un viejo hábito o cambiar nuestras acciones. ¡Sólo Dios puede hacerlo! Vuelva a observar la ilustración en la página 124. Aunque podemos usar los elementos en esta ilustración para desarrollar un carácter impío, Dios usa los mismos para crear un carácter divino en nosotros. La sustancia cambia, no el proceso.

*"No os ha sobrevenido ninguna tentación que no sea humana; pero fiel es Dios, quien no os dejará ser tentados más de lo que podéis soportar, sino que juntamente con la tentación dará la salida, para que la podáis resistir"* (1 Cor. 10:13).

El secreto para lograr un cambio permanente es cooperar con Dios dándole acceso a él en nuestros pensamientos. La verdadera integridad se desarrolla con un pensamiento a la vez. Si hay poca integridad en la vida privada de alguien (cuando nadie más que Dios está viendo), habrá poca integridad en su vida pública, sea cual fuere la imagen que proyecta. Cuando Dios controla nuestros pensamientos, transforma nuestros deseos. Entonces nuestras acciones cambian porque nuestros deseos cambian. Dios inicia este cambio y nosotros respondemos con nuestra cooperación.

Para llegar a ser personas de integridad, los pensamientos de Dios tienen que reemplazar los pensamientos del mundo. Los pensamientos de Dios están a nuestra disposición a través de nuestras oraciones, influencias cristianas y la Biblia. La Biblia contiene las promesas de Dios de ayudarnos en momentos de tentación. Un gran versículo para memorizar es 1 Corintios 10:13. Léalo en el margen.

✝ **Piense en una acción o un hábito piadoso que usted desea cultivar. Llene el cuadro que aparece a continuación, indicando los deseos en que se basa esa acción y qué pensamientos impulsarían su conducta. Incluimos un ejemplo.**

| Acción/Hábito | Deseos | Pensamientos |
|---|---|---|
| **PIADOSO** | | |
| Ser veraz | Mejorar mis relaciones; | Leer Santiago 1:26 3 a 4. |
| | Obedecer a Dios | Memorizar Santiago 4:7, 8a |
| ____________ | ____________ | ____________ |
| ____________ | ____________ | ____________ |
| ____________ | ____________ | ____________ |
| ____________ | ____________ | ____________ |

Escudriñe las Escrituras para aprender los pensamientos de Dios acerca de la cualidad personal o acción que desea. Haga una lista y empiece a orar y a demandarla cada día. Memorice los versículos y repáselos varias veces por día. La próxima vez que usted enfrente una tentación en esa esfera de su vida, haga una pausa y ore los pensamientos de Dios.

Ser un trabajador del reino requiere desarrollar el carácter del reino. Al trabajar hoy, permita que Dios sea soberano sobre sus pensamientos, sus deseos y sus acciones.

**Estrategia de oración:** Confiese la soberanía de Dios en su vida. Agradézcale las promesas en su Palabra que nos fortalecen en los momentos de tentación. ¡Pídale que haga de usted el tipo de trabajador que él quiere en su reino!

# Semana 6

## El Trabajo del Reino

**Esta semana:**

- desarrollará una estrategia de oración para su lugar de trabajo;
- se comprometerá a entablar relaciones redentoras con sus compañeros de trabajo;
- se preparará para ampliar sus oportunidades de dar testimonio;
- descubrirá cómo conectarse con otros colaboradores de Dios;
- empezará a implementar una estrategia para el trabajo del reino.

**Versículo para memorizar:**
*"Jesús se acercó a ellos y les habló diciendo: 'Toda autoridad me ha sido dada en el cielo y en la tierra. Por tanto, id y haced discípulos a todas las naciones, bautizándoles en el nombre del Padre, del Hijo y del Espíritu Santo'"* (Mat. 28:18-20).

Nora odia su trabajo. Ha trabajado para la municipalidad desde que terminó la escuela secundaria. Está encargada de la sección de patentes de vehículos, por lo que, en el transcurso del año, ve a muchísima gente. Pero está harta de la rutina. Está cansada del temperamento explosivo de su jefe y de escuchar el chismorreo de sus compañeros en la hora de comer. Pero Nora sabe que no puede dejar su trabajo porque escasean en su pueblo.

Es activa en su iglesia, y siempre está entusiasmada con los viajes misioneros que hace con su grupo cada verano. En esos viajes tiene la oportunidad de compartir las buenas nuevas de Jesús. Conversando con ella acerca de su trabajo y sus actividades en la iglesia, le preguntamos que creía ella que Dios estaría haciendo en su lugar de trabajo.

—¡Probablemente piense que es un lugar muy aburrido y pecador! —respondió Nora. Pero creo que me dio este trabajo no sólo para poder ganarme un sueldo sino también para poder ahorrar dinero para nuestros viajes misioneros.

Nora no cree que a Dios le importe realmente su lugar de trabajo y la gente con quien trabaja y la que llega allí para hacer sus trámites. Si Nora pudiera empezar a ver su lugar de trabajo como un campo misionero y realmente buscara primeramente el reino de Dios y su justicia (Mat. 6:33) en dicho lugar, ¿cómo podría su nueva comprensión de esta "prioridad" cambiar su actitud hacia su trabajo?, ¿hacia sus compañeros?, ¿hacia el público? ¿Qué oportunidades podría darle Dios a Nora en su trabajo?

¿Cuántos de los compañeros de labores de Nora podrían llegar a conocer a Dios si ella empezara a sumarse a Dios en el trabajo? ¿Le mostraría él cómo orar por los que la rodean, cómo entablar relaciones redentoras, cómo acercar a otros a él? Si Nora, y todos nosotros, aprendiéramos a reconocer los propósitos de Dios y confiar en ellos aplicándolos a nuestro lugar de trabajo, ¡qué cambios importantes sucederían en pro del reino!

La semana pasada estudiamos cómo ser trabajadores del reino, las cualidades del carácter que reflejan una relación de colegas con Dios. Esta semana nos concentraremos en el trabajo del reino, la parte relacionada con el hacer en el programa del reino. Aprenderemos a desarrollar una estrategia de oración, entablar relaciones redentoras, ampliar nuestro testimonio y conectarnos con otros cristianos. También aprenderemos ideas prácticas para implementar una estrategia para el trabajo del reino. ¡Empiece donde esté a reclamar su lugar de trabajo para Cristo!

# DIA 1

## Cómo Desarrollar una Estrategia de Oración

*"Pedid, y se os dará. Buscad y hallaréis. Llamad, y se os abrirá. Porque todo el que pide recibe, el que busca halla, y al que llama se le abrirá"* (Mat. 7:7, 8).

Rita se acomodó en el sillón con su Biblia y una segunda taza de café. La mañana había pasado volando. Los chicos estaban en la escuela, pero ella todavía tenía que hacer las compras antes de que el más pequeño volviera del Jardín de Niños.

Al empezar a orar le vino a la mente el nombre de Julia. Parecía como si Dios le dijera: "Julia necesita una amiga. ¿Por qué no la visitas?" Rita enseguida descartó la idea. No tenía la costumbre de visitar sin ser invitada.

Pero el pensamiento no la dejaba. ¡Rita nunca se había sentido tan compelida! Todavía preguntándose si estaría imaginándose esta compulsión, se levantó y se dirigió a la puerta del frente. "Espero que Julia no crea que estoy loca al aparecer así, de improviso."

Julia la recibió con cariño. Pasaron juntas dos horas en que Rita le contó a Julia algo de su pasado, una grave enfermedad que había tenido, y compartió su fe. Julia la escuchaba con mucha atención, admitiendo que ella nunca había hecho caso a las cosas de Dios. Las dos oraron juntas y Julia entregó su vida a Cristo.

Dios estaba obrando en el lugar de trabajo de Rita: su hogar y su comunidad. Rita tuvo el gozo de ser una trabajadora del Reino. Es posible que usted no se dé cuenta de lo involucrado que está Dios en su vida hasta empezar a orar: *venga tu reino.* Su victoria más grande será ganada en su vida de oración.

## LA ORACION ES ESENCIAL

La oración es el lugar donde la naturaleza humana es crucificada, y Dios, con su naturaleza divina, es restaurado a su posición soberana en la vida del creyente. La oración es un encuentro estratégico con Dios donde cambiamos:

- nuestros temores, por la fe de Cristo;
- nuestro egocentrismo, por el centrarnos en Cristo;
- nuestras insuficiencias, por la suficiencia de Cristo;

- nuestra soledad, por el amor incondicional de Dios;
- nuestro conocimiento limitado, por el conocimiento y sabiduría ilimitados de Dios;
- nuestro poder limitado, por el poder ilimitado de Dios;
- nuestra escasa visión, por la visión eterna de Dios.

La oración no es meramente una formalidad que hay que cumplir antes de abocarse al verdadero trabajo del reino. Oración es relación con Dios. La oración es una invitación al "centro nervioso" del universo. Allí, en la sala del trono de Dios, puede usted recibir orientación sobre lo que Dios está haciendo para redimir a su mundo.

† **Marque la frase que mejor describe su vida de oración, o escriba su propio resumen en la línea correspondiente.**

__ Tengo momentos de maravillosa comunión con el Señor. Muchas de mis inquietudes en relación con mi trabajo se solucionan en oración. Dios revela lo que está haciendo en mi lugar de trabajo de modo que me puedo sumar a él allí.

__ La oración es buena para los que tienen tiempo. Yo no puedo dedicarle mucho tiempo porque, si no, no haría nunca otra cosa. Dios espera que "a mis oraciones les ponga pies (acciones)".

__ Me cuesta muchísimo disciplinarme para orar. Por alguna razón, rara vez veo respuestas a mis oraciones. Quiero orar más, pero es una lucha constante.

__Otro:________________________________

**La oración es una estrategia principal de trabajo.**

La oración es un estrategia principal de trabajo. Sin una relación duradera con Dios en oración, usted no puede apropiarse de su poder y presencia como él lo desea. Pídale al Señor que le enseñe el valor de una relación de oración con él. Ore la petición de los discípulos: "Señor, enséñanos [enséñame] a orar" (Luc. 11:1).

† **¿Por qué debe ser la oración una estrategia principal en el trabajo del reino? Marque todas las respuestas que se apliquen.**

__ Por medio de la oración recibo instrucciones para mi trabajo en el reino.

__ La oración es donde encuentro paz en la presencia de Dios para poder sobrellevar las presiones que tengo. En la oración, Dios es mi refugio donde descanso.

__ Puedo orar por otros o por problemas de trabajo y ver a Dios contestando al suplir necesidades, dar soluciones o cambiar las circunstancias.

__ Otra: ______________________________

## LA ORACION MODELO DE JESUS

Jesús les dio a sus discípulos una oración modelo para su vida de oración. Cada frase de la oración refleja un ingrediente esencial del programa del reino.

† **Lea en su Biblia la Oración Modelo, Mateo 6:9-13. Luego, en los párrafos que siguen, subraye palabras y frases clave que le ayudarán a desarrollar una estrategia de oración en su lugar de trabajo.**

• *Reconocer la soberanía de Dios:* "Padre nuestro que estás en los cielos: Santificado sea tu nombre." Jesús empezó la Oración Modelo enfocando la soberanía y santidad de Dios. El es el Dueño del universo, pero también es el Padre accesible. Ore que el nombre de Dios sea "santificado" —respetado— en su lugar de trabajo.

• *Aceptar el programa de Dios en lugar del mío:* "venga tu reino, sea hecha tu voluntad, como en el cielo así también en la tierra". Dios quiere que usted diga: "Sí, Señor", aun antes de decirle él lo que él desea. Procure decir: *No importa lo demás, mi respuesta es sí. Quiero que se haga tu voluntad.*

• *Confiar en la providencia de Dios. Cuando ora usted:* "El pan nuestro de cada día, dánoslo hoy", reconoce que necesita a Dios y que depende de él y no de usted mismo. No sólo puede orar pidiendo alimento, sino por todas las demás necesidades cotidianas. Ore esta oración varias veces durante el día al presentarse distintas necesidades. Cuando Dios le provee lo que necesita, no se olvide de agradecérselo.

• *Demuestre el carácter de Dios.* "Perdónanos nuestras deudas, como también nosotros perdonamos a nuestros deudores." Jesús no se refería a nuestras deudas financieras sino a las deudas de pecado. Confesar nuestros pecados es de vital importancia para tener una relación correcta con Dios. El nos perdona porque así es su naturaleza. A su vez, nosotros demostramos el carácter de Dios cuando perdonamos a otros. ¿Se aferra usted a algún resentimiento? ¿Está amargado? ¿Tiene un espíritu de no perdonar? Entonces perdone a los que han pecado contra usted.

A veces perdonar a alguien, cuando el programa del mundo le dice que se desquite o que pelee, es una manera clara de revelar a Cristo en usted. Cuando alguien le pregunte cómo puede reaccionar como lo hace, considérelo como una invitación a hablar de Cristo.

*"Toda buena dádiva y todo don perfecto proviene de lo alto y desciende del Padre de las luces, en quien no hay cambio ni sombra de variación"* (Stg. 1:17).

• Confíe en la protección de Dios: "Y no nos metas en tentación, mas líbranos del mal." ¿En el trabajo, enfrenta la tentación de realizar acciones inmorales, no éticas o ilícitas para cumplir el trabajo y andar bien con el jefe? Orando de esta manera uested confiesa su debilidad. Expresa que necesita la ayuda de Dios. Determina, al empezar el día, elegir la obediencia.

Dios es soberano. El puede cumplir lo que se propone. El puede capacitarle y fortalecerle para encarar todo lo que quiere que usted haga durante el día. El propósito de su vida es glorificar a Cristo y al Padre. Ore para que su voluntad se haga.

† **Desarrolle una estrategia de oración para su lugar de trabajo. Escríbala en el margen o en un diario de oración. Incluya estos pensamientos clave:**

- Reconozca la soberanía de Dios;
- Acepte el programa de Dios en lugar del de usted;
- Pídale a Dios que supla las necesidades de este día;
- Pídale su perdón y perdone a los demás;
- Pida la protección de Dios para soportar la tentación sin pecar;
- Alabe al Señor y comprométase a darle la gloria hoy.

**Estrategia de oración:** Ore según la estrategia que acaba de desarrollar.

# DIA 2
## Cómo Entablar Relaciones Redentoras

Cuando Beatriz empezó su nuevo trabajo, dos compañeras le hicieron ver muy bien que no tenían la intención de aceptarla. Beatriz ocupaba el puesto de una de las mejores amigas de ellas e integrante de su "núcleo". ¡Estaban decididas a hacerle ver a Beatriz que no estaba a la altura de ellas!

Seis años después, cuando Beatriz y su familia se mudaban a otra ciudad, esas mismas compañeras planearon y organizaron su fiesta de despedida. La compañía les había pedido que expresaran cuánto la compañía sentía perderla. Cada una le dio un gran abrazo.

¿Qué pasó durante esos seis años para cambiar la terca resistencia contra ella? Cuando Beatriz sintió la antipatía hacia ella, empezó a orar. Oró durante un largo año antes de que la situación empezara a cambiar. "Estaba decidida a quererlas a pesar de su actitud", nos dijo Beatriz. "Sabía que Dios podía derretir sus corazones y usarme para demostrar su amor."

El lugar de trabajo es el medio obvio para ser sal y luz en el mundo. Somos demasiados los que dejamos que el mundo determine nuestra conducta en el trabajo, en lugar de dejar que nuestra influencia lo sature. Cuando escogemos colaborar con Dios como colegas, él nos capacita para entablar relaciones redentoras. Practicamos nuestra fe cristiana como personas enteras que integran su fe en todos los aspectos de su vida.

*"Pero sobre todas estas cosas, vestíos de amor, que es el vínculo perfecto"* (Col. 3:14).

## PAUTAS PARA ENTABLAR RELACIONES REDENTORAS

No es por casualidad que trabajamos con quienes trabajamos. Dios planeó el desarrollo personal de usted y de ellos al ir aprendiendo a trabajar juntos. Las siguientes pautas, tomadas del Sermón del monte, nos ayudan a reconocer la iniciativa de Dios al colocar a individuos específicos en nuestro camino en el trabajo.

*"Habéis oído que fue dicho: Amarás a tu prójimo y aborrecerás a tu enemigo. Pero yo os digo: Amad a vuestros enemigos, y orad por los que os persiguen; de modo que seáis hijos de vuestro Padre que está en los cielos"* (Mat. 5:43-45).

- *Ame a sus enemigos.*

✝ **Lea en el margen Mateo 5:43-45. ¿Tiene enemigos en el trabajo? ¿Siente la invitación de Dios de demostrar un amor incondicional hacia cualquiera de ellos? En dicho caso, ¿quién? ____________________**

En su diario quehacer se verá usted frente a personas que lo tratarán como si usted fuera su enemigo. Considere a la gente así como una invitación a sumarse al Señor en una estrategia de relaciones humanas basadas en un amor incondicional. La manera de reaccionar del mundo a personas difíciles es ser difíciles con ellas. Como resultado, el mundo por lo general se extraña y no sabe cómo reaccionar ante una estrategia de amar al enemigo. Este tipo de estrategia le hace poner su fe en que Dios proveerá, protegerá e influenciará la situación para lograr su propósito. Manténgase alerta a la invitación de Dios de amar a sus enemigos.

*"Así que, todo lo que queráis que los hombres hagan por vosotros, así también haced por ellos, porque esto es la Ley y los Profetas"* (Mat. 7:12).

- *Cumpla la Regla de Oro.*

✝ **Jesús nos dio pautas claras para entablar relaciones redentoras. Lea en el margen Mateo 7:12.**

**Marque las frases que indican cómo cumplirá usted la Regla de Oro. Escriba otras maneras en el margen de la página.**

- ❑ Si ve a una persona que sufre una necesidad, haga lo que pueda para suplirla.
- ❑ Si ve a alguien que necesita ayuda, ayúdele.
- ❑ Si alguien está enfermo, visítelo.
- ❑ Si alguien sufre por la pérdida de un ser querido, consuélelo.
- ❑ Si alguien necesita ser perdonado, perdónelo.
- ❑ Si alguien se siente solo, sea su amigo.
- ❑ Si alguien logra un éxito, alégrese con él.
- ❑ Si alguien realiza un trabajo excelente, elogie su trabajo.
- ❑ Si alguien fracasa, aliéntelo.

**Maneras de cumplir la Regla de Oro**

__________________

__________________

__________________

__________________

__________________

• *Invierta su vida en su prójimo.* Escribiendo a la iglesia en Tesalónica, Pablo describió cómo él demostraba su amor por la gente. Lea en el margen de la siguiente página lo que dijo.

Pablo no sólo compartía el evangelio con las personas sino que, por amor, también compartía con ellas su vida. Se preocupaba por ellas como una madre se preocupa por sus hijos. Hizo los cambios necesarios en su vida para poder entablar relaciones redentoras con los demás para bien del evangelio.

*"Entre vosotros fuimos tiernos, como la nodriza que cría y cuida a sus propios hijos. Tanto es nuestro cariño para vosotros que nos parecía bien entregaros no sólo el evangelio de Dios sino también nuestras propias vidas, porque habéis llegado a sernos muy amados"* (1 Tes. 2:7, 8).

**Para entender mejor la estrategia de Pablo, lea en su Biblia 1 Corintios 9:19-23. Identifique las maneras en que Pablo entabló relaciones redentoras. Subraye los tipos de personas sobre las cuales influyó.**

**Marque la frase que describe la estrategia principal de Pablo para entablar relaciones redentoras.**

__ Le hablaba a la gente de sus creencias y

opiniones para que lo comprendieran mejor.

__ Se identificaba con otros para poder entender su vida desde el punto de vista de ellos. Se hizo siervo para ayudarles a acercarse al Reino.

Pablo se identificó con otros para ayudarles a entender el evangelio desde el punto de vista singular de ellos. Quería ganarlos para Cristo, y contaba con poder compartir el gozo [bendiciones] que resultaría.

✝ **El conocido relato del Buen Samaritano muestra a una persona que invirtió su vida en la vida de un extraño. Se puso a disposición de Dios. Pídale a Dios que le revele el nombre de alguien en quien quiere que invierta usted su vida para bien del reino. Escriba ese nombre en el margen.**

## COMO TRATAR CON PERSONAS DIFICILES

Pablo no siempre tuvo éxito en sus relaciones. Cinco veces recibió latigazos. Tres veces lo golpearon con palos y una vez fue apedreado. En Damasco, evitó ser arrestado bajándose del muro de la ciudad en un canasto. (Vea en 2 Cor. 11 una lista de las persecuciones que sufrió Pablo.) No obstante, fue Pablo quien dijo: "Me complazco en las debilidades, afrentas, necesidades, persecuciones y angustias por la causa de Cristo, porque cuando soy débil, entonces soy fuerte" (2 Cor. 12:10).

✝ **¿Se ha sumado usted a Dios para entablar una relación redentora con una persona difícil en su trabajo? De ser así, ¿cuál fue el resultado?** ______________________________

______________________________________

Pídale a Dios que le abra los ojos para ver su obra a su alrededor. No se sorprenda si quiere que se sume a él trabajando con alguien que hubiera sido el que usted menos hubiera querido. Es probable que lo invite a una situación que exige fe. Confíe en él. Luego ore y dependa de él para que le revele cuál debe ser su reacción correcta.

*"Estad siempre listos para responder a todo el que os pida razón de la esperanza que hay en vosotros"* (1 Ped. 3:15).

**Estrategia de oración:** Ore por individuos específicos en su lugar de trabajo, y preste atención cuando Dios comienza a hacerle pensar en una persona en particular. Pídale al Señor que lo capacite para amar a sus enemigos, amar a otros sin egoísmos y tratarlos en la forma como usted quiere que lo traten a usted.

# DIA 3

## Cómo Ampliar el Ambito de Nuestro Testimonio

A Luisa le encanta su trabajo de voluntaria en el hospital. Es viuda y jubilada, y le gusta visitar a los pacientes al repartir material de lectura. Hace poco tuvo la oportunidad de compartir a Cristo con Bruno, joven de 27 años que sufría de cáncer.

—¿Cree usted en el cielo? —preguntó Bruno, tomándola de sorpresa.

—¡Claro que sí! Y creo que mi esposo está en el cielo —dijo Luisa. Le explicó que su esposo era creyente y compartió su testimonio con Bruno.

A los pocos días Bruno fue dado de alta y Luisa no volvió a verlo. Pero está más consciente de la presencia de Dios al visitar de sala en sala.

Quizá nunca sepamos el impacto de nuestra influencia sobre nuestro lugar de trabajo. Nuestra responsabilidad es estar a disposición de Dios.

## NUESTRO CARACTER AFECTA NUESTRO TESTIMONIO

Carlitos siempre tenía una Biblia sobre su escritorio en el trabajo. Quería que sus compañeros supieran que era creyente. Muchas veces repartía tratados.

Pero Carlitos tenía un problema: no era muy competente. Muchas veces descuidaba sus obligaciones, lo que significaba que sus compañeros tenían que trabajar más para compensar por lo que él no alcanzaba a hacer. Cierto día, en su frustración, uno de sus compañeros dijo duramente: "¡Si Carlitos no perdiera tanto tiempo hablando de Jesús y tratando de convertirnos, quizá podría cumplir con sus tareas!"

*"No que seamos suficientes en nosotros mismos, como para pensar que algo proviene de nosotros, sino que nuestra suficiencia proviene de Dios"* (2 Cor. 3:5).

Ser competente es importante para su testimonio en el trabajo. La pereza, apatía, irresponsabilidad y la inmadurez emocional pueden invalidar su testimonio allí. Si no está cumpliendo usted con su trabajo "como al Señor", ¡decídase a ser un empleado más productivo!

Ser competente no es sólo resultado del esfuerzo humano. Viene de Dios. Dios nos ha dado a cada uno dones, talentos y habilidades, y espera que seamos buenos mayordomos. Por lo tanto, nuestra meta debe ser llegar a ser lo mejor. Ser competente es una ofrenda ante el Señor porque es un reflejo de su carácter. ¡Ser competentes honra a Dios y da testimonio de su soberanía en nuestras vidas!

La afirmación: "No puedo oír lo que dices; estoy demasiado ocupado observando lo que haces" se aplica al lugar de trabajo. Nuestro andar debe coincidir con nuestras palabras. Una vez que hayamos demostrado allí un carácter como el de Cristo, estaremos listos para pedirle a Dios oportunidades para testificar oralmente.

## EL TESTIMONIO SURGE DEL PROPOSITO

Nadie jamás ha testificado oralmente de Cristo "por casualidad". Una amiga nuestra nos contó esta anécdota que es un ejemplo de esto. Un corredor de seguros los visitó una tarde y, mientras conversaban, el hijo de ella llegó corriendo con una mancha en la camisa donde se había volcado un refresco. El corredor enseguida se ofreció ayudar; abrió su portafolios y sacó una botellita de quitamanchas que vendía como algo extra. Quitó enseguida la mancha, y nuestra amiga le compró una botella grande del mismo. El corredor de seguros estaba alerta por si se presentaba una necesidad y actuó al momento para solucionarla, basado en su propia experiencia personal.

En el trabajo, nuestro testimonio es más efectivo cuando surge en respuesta a una necesidad expresada. Podemos contar lo sucedido en nuestras vidas cuando pudimos suplir una necesidad similar. Estar preparados para dar testimonio y permanecer alertas para captar las oportunidades nos da un propósito "constructor del reino" en nuestros lugares de trabajo.

Antonio ha tenido muchas oportunidades de compartir a Cristo en su trabajo como representante de productos farmacéuticos. Tiene una fuerte convicción sobre entablar relaciones y confiar en el Espíritu Santo para iniciar el momento de compartir su fe. Dios tocó profundamente la vida de Antonio en una de esas experiencias "iniciadas por Dios".

Cierto día, encontrándose en la sala de espera de un médico, empezó a conversar con un joven

*"Tened por aspiración vivir en tranquilidad, ocuparos en vuestros propios asuntos y trabajar con vuestras propias manos, como os hemos mandado; a fin de que os conduzcáis honestamente para con los de afuera"* (1 Tes. 4:11, 12).

sentado cerca de él. Su diálogo por último tocó la razón por la cual estaba el joven allí. Le dijo a Antonio que tenía leucemia, y el doctor le daba pocas esperanzas.

Antonio le preguntó al joven si tenía paz con respecto a lo que le pasaría al morir. Este le contestó que no estaba seguro. Había asistido a una iglesia varias veces pero en realidad no sabía mucho de Dios.

Antonio concertó con él un encuentro para comer juntos. En los meses que siguieron llegó a ser prácticamente un integrante más de la familia de Antonio. El joven aceptó a Cristo y Antonio lo discipuló hasta los últimos días de su vida.

El gozo de saber que Dios había usado a Antonio para llevar al joven a Cristo fue motivo de gratitud y de lágrimas. La familia del joven pudo ver la obra de Dios al ver la desesperanza de él dar lugar a la esperanza.

## PLANEE COMPARTIR SU TESTIMONIO

¿No sería un tragedia que alguien le preguntara cómo ser salvo y no saber qué responder? Hemos dedicado la página 81 al plan de salvación que usted puede copiar y tener a mano en su trabajo. Lea dicha página hasta haberla aprendido bien, o use otro tratado evangelístico o Nuevo Testamento marcado para ese fin. Demuéstrele a Dios que toma en serio el hecho de ser testigo suyo en el trabajo por haberse preparado para cualquier encuentro con un inconverso.

**Estrategia de oración:** Al identificar a los inconversos en su lugar de trabajo, guarde un registro de sus oraciones en pro de su salvación. Pídale a Dios que le use para hacerles conocer a Jesucristo. Pídale que le haga sensible a las oportunidades que él le brinda.

# DIA 4
# Cómo Descubrir las Conexiones de Dios

Dios no tiene la intención de que el trabajador del Reino obre solo. Ha establecido una red divina de conexiones que cumplen un papel importante en el trabajo de usted. La red divina de conexiones en que usted está incluye algo o todo de lo siguiente:

- Miembros de su iglesia
- Otros creyentes en su lugar de trabajo
- Creyentes fuera de su trabajo con quienes usted se relaciona
- Creyentes con la misma ocupación o tipo de trabajo

## MIEMBROS DE SU IGLESIA

Al nacer usted de nuevo, Dios lo agrega al cuerpo de Cristo. El cuerpo de Cristo es para trabajar unidos de manera que cada miembro pueda ser fuerte en la obra que Cristo [la cabeza del cuerpo] pueda asignarle. Los miembros de su iglesia local, manifestación visible del cuerpo de Cristo, pueden involucrarse con usted de diversas maneras en su misión en su lugar de trabajo. ¿Cómo? Pueden orar por usted y las situaciones que allí vive. Pueden darle consejos piadosos y bíblicos sobre cuestiones de su trabajo y ayudarle a discernir el plan de Dios para usted allí.

*"Ahora bien, vosotros sois el cuerpo de Cristo, y miembros suyos individualmente"* (1 Cor. 12:27).

Dios también puede usar a los miembros de su iglesia para animarle a usted cuando las cosas se ponen difíciles, corregirle si se aparta usted de una conducta como la de Cristo y gozarse con usted cuando Dios logra una victoria por medio suyo.

*"Considerémonos los unos a los otros para estimularnos al amor y a las buenas obras. No dejemos de congregarnos, como algunos tienen por costumbre; más bien, exhortémonos, y con mayor razón cuando veis que el día se acerca"*
(Heb. 10:24, 25).

**✝ Identifique a miembros de iglesia que ya integran su red de conexiones, como compañeros de oración, maestros, integrantes de una clase o grupo, su pastor, diáconos y otros hermanos y hermanas en Cristo. En el margen escriba sus nombres y las maneras como Dios los usa para ayudarle a usted en su trabajo.**

## LOS CREYENTES EN SU LUGAR DE TRABAJO

Muchas veces los creyentes en el trabajo están aislados unos de otros. Pueden guardar silencio sobre su relación con Cristo, o quizá no conozcan a otros que sean creyentes.

En realidad esa es una de las razones por las cuales ideamos este estudio. El cristiano necesita experimentar el poder dinámico de Cristo en el lugar de trabajo donde su pueblo esté unido. Dios quizá quiera hacer algo por medio de todos ustedes en lugar de hacerlo por medio de uno solo. ¡Compartir tales experiencias fortalece nuestra fe y aumenta nuestro gozo!

**✝ ¿Le ha hecho ver Dios las personas en el trabajo que son parte de su red divina de conexiones? De ser así, escriba sus nombres en el margen.**

## LOS CREYENTES FUERA DE SU TRABAJO

Según el tipo de trabajo que usted realiza, tal vez puede descubrir que Dios tiene una red divina de conexiones fuera de su lugar de trabajo que usará dentro del mismo. Use la siguiente lista para hacerle pensar:

- Creyentes en la sede central de la compañía o en sus sucursales

- Vendedores que suministran productos o servicios a su compañía
- Clientes o vendedores
- Oficiales del gobierno o de oficinas públicas

Pídale al Señor que le muestre los integrantes de esta red divina de conexiones. Manténgase alerta para ver cuando van apareciendo como respuesta a sus oraciones. Al relacionarse con ellos preste atención a lo que dicen o hacen, lo que puede indicar que son creyentes.

Esta red de personas fuera de su trabajo puede brindarle consejos o pautas a seguir. Pueden convertirse en compañeros de oración. Pueden ser el medio que Dios usa para contestar una oración o realizar un proyecto. Quizá puedan influenciar a otros en su compañía en formas que usted no puede. Recuerde, esta es un red de conexiones de dos vías. Dios quizá quiera usarlo a usted en el lugar de trabajo de otra persona.

† **Mencione a una o más personas fuera de su lugar de trabajo que usted cree que son creyentes. Piense en una manera en que Dios quiere obrar fuera de su lugar de trabajo por medio de esta red divina de conexiones. Escriba su respuesta en el margen.**

## CREYENTES CON LA MISMA OCUPACION O TIPO DE TRABAJO

† **Al leer los siguientes párrafos, escriba en el margen sus ideas para implementar las sugerencias.**

Las personas de la misma ocupación son posibilidades para su red de conexiones. Quizá pueda entender usted mejor el programa del reino para su lugar de trabajo al hablar y conversar con aquellos que realizan el mismo tipo de funciones. Pueden entender mejor los problemas que usted enfrenta; las difíciles decisiones éticas, morales y legales que usted toma; las razones de su cansancio, aburrimiento o sufrimientos y las circunstancias cuando puede sentirse presionado a ceder.

También puede beneficiarse relacionándose con creyentes en el mismo tipo de trabajo pero con distintas ocupaciones. ¡Imagínese lo valioso que es para un médico, enfermera, terapeuta, farmacéutico y trabajador social orar juntos en el hospital!

## COMO TRABAJAR CON SU RED DE CONEXIONES

Al considerar lo que Dios puede hacer por medio de su red de conexiones, recuerde que Dios es el Iniciador. No haga las cosas por su cuenta, no intente hacer que algo suceda ni manipule a nadie. Deje que Dios guíe y dirija. Pero esté listo para recibir lo que Dios da. Prepárese para sumarse a él cuando le muestra lo que está haciendo y haga los cambios necesarios para obedecerle.

**Dios es el Iniciador. Deje que él guíe y dirija.**

**Estrategia de oración:** Pídale a Dios que le muestre las personas que integran su red de conexiones del reino a su alrededor. Ore por cada una de ellas. Pregúntele a Dios cómo quiere que usted actúe para unirlas a todas.

# DIA 5
## Cómo Implementar Una Estrategia para el Trabajo del Reino

Carlos, Luisa, Eduardo y Francisco se reúnen una vez por semana en la fábrica, antes del trabajo. Hace varios meses Carlos les preguntó si les interesaría reunirse para orar y compartir sus preocupaciones. Todos dijeron que sí. La primera reunión terminó siendo una sesión de quejas.

El día siguiente Carlos se disculpó con cada uno y les explicó nuevamente el propósito del momento de oración: reconocer la autoridad soberana de Dios en su lugar de trabajo y buscar sumarse a él en lo que él estaba haciendo allí. Carlos preparó tarjetas en las que escribió este propósito y le dio una a cada uno. Durante la reunión cada quien puso su tarjeta donde podía verla.

Desde entonces Dios ha bendecido su momento juntos. Luisa trajo a Angela a la reunión, y también Susana ha mostrado interés en asistir. Dios está obrando en la fábrica por este grupo de oración.

### GRUPOS CELULAS EN EL TRABAJO

A través del mundo los creyentes se están reuniendo en sus lugares de trabajo para desarrollar e implementar una estrategia para la labor del reino. Reconocen que son embajadores de Cristo en ese ambiente y que se necesitan mutuamente para alentarse, apoyarse en oración y ser más responsables. Considere organizar un grupo así en o cerca de su lugar de trabajo o en el templo.

*"Sobrellevad los unos las cargas de los otros y de esta manera cumpliréis la ley de Cristo"* (Gál. 6:2).

**No le roben tiempo al trabajo para reunirse.**

Al reunirse con otros cristianos de su red de conexiones, oren pidiendo a Dios que les revele su estrategia para su lugar de trabajo. Pueden compartir distintos intereses y conocimientos. Los creyentes en su lugar de trabajo pueden:

- orar por los que tienen una posición de autoridad sobre ustedes;
- orar por personas específicas que necesitan conocer a Cristo;
- compartir observaciones sobre cómo Dios está obrando;
- dialogar sobre cómo aplicar las Escrituras a prácticas en el trabajo;
- confesar los pecados en nombre de su empresa; pedirle a Dios las formas de lograr cambios;
- orar unos por otros y motivos específicos relacionados con el trabajo. Estos motivos pueden ser sobre relaciones, decisiones, problemas, etc.

Los compañeros de trabajo cristianos pueden reunirse durante el tiempo libre que se da para comer, para descansar o antes o después del horario de trabajo. Pueden reunirse de noche en otro lugar o en el templo. No le roben tiempo al trabajo para reunirse. Su testimonio incluye ser trabajadores productivos procurando glorificar a Dios en todo lo que hacen.

† **¿Cuándo podría usted reunirse con otros creyentes compañeros de trabajo? Comience a pensar en maneras de iniciar tales reuniones. Comparta planes específicos con el grupo que estudia este libro.**

## COMO USAR ESTE LIBRO

Usted puede ser parte de un grupo en el trabajo que estudia este libro. Ahora que está familiarizado con su contenido y cómo son las sesiones semanales en grupo, considere la posibilidad de liderar un grupo similar.



El material puede adaptarse a su horario y lugar de reunión. El grupo puede reunirse en cualquier parte; no obstante, considere la necesidad de contar con un ambiente tranquilo, libre de interrupciones. No comprometa el fundamento educativo y espiritual del estudio dejando que las personas asistan sin completar las tareas diarias relacionadas con el curso. Dichas personas sólo se benefician del diálogo, pero no tienen nada que aportar al grupo porque Dios no habrá tenido la oportunidad de prepararlas a través del encuentro personal diario con él.

Vea la posibilidad de proveer libros de trabajo por medio de un fondo de becas a quienes no puedan comprarlos. Haga el seguimiento de este curso teniendo grupos-células permanentes para buscar la voluntad de Dios en su lugar de trabajo.

## REPASO DEL PROGRAMA DEL REINO

Dios les dio a Adán y Eva una descripción clara de tareas. No obstante, se excedieron de los límites impuestos por Dios. El pecado de ellos y el nuestro infecta el lugar de trabajo y, como resultado, el trabajo es mucho menos remunerador y satisfactorio de lo que Dios quisiera.

**Los trabajadores del reino tienen una misión clara.**

Jesús vino al mundo para dar inicio a un reino que incluía restaurar el lugar de trabajo a lo que era el plan original de Dios. Jesús les dio a los cristianos una descripción de tareas. La ponemos en práctica únicamente cuando gozamos de una relación personal de amor con Dios que ha sido restaurada a través de Cristo. Los obreros del reino tienen una clara misión: sumarse a Cristo en una relación de colegas con Dios, donde Dios es soberano y nosotros somos colaboradores. ¡Esta misión resume el programa del reino!

Nuestra fe se basa en tres verdades del programa del reino.

- Dios siempre está obrando alrededor nuestro, reconozcámoslo o no.
- Dios logra sus objetivos a pesar de lo que la gente hace o cree.
- Dios nos toca y al mundo que nos rodea cuando nos sumamos a él y obedecemos su voluntad.

El programa del mundo se basa en satisfacer las necesidades humanas por medio de vivir y trabajar separados de la autoridad de Dios. Como resultado del efecto corruptor del pecado en el lugar de trabajo, rechazamos la autoridad de Dios sobre nuestro trabajo, nos centramos en el *yo* e intentamos satisfacer nuestras necesidades separados de Dios.

Cristo restaura el lugar de trabajo hasta ser el que Dios quiere cuando nos negamos a nosotros mismos, tomamos nuestra cruz y le seguimos (Luc. 9:23). Este proceso requiere que reorientemos nuestras vidas hacia la soberanía de Dios, dejando de lado nuestro propio programa y aceptando la estrategia del trabajo del reino. Esta estrategia incluye oración, entablar relaciones redentoras, extender nuestro testimonio, conectarnos con los demás y participar en grupos formados en el trabajo para animar, apoyar y ser responsables en el programa del reino. Nuestro propósito es glorificar a Dios dondequiera que vivamos y trabajemos.

**Estrategia de oración:** Dé gracias a Dios por las formas específicas en que le ha hablado por medio de este curso de estudio. Renueve su compromiso con todo lo que él le ha llamado a ser y hacer para bien de su reino. Pida al Señor que restaure su lugar de trabajo para su gloria.

# Guía para Líderes de Grupos

Use las siguientes sugerencias para guiar a un grupo pequeño en una hora de diálogo sobre las lecciones en cada estudio semanal de *Mi Experiencia con Dios en el Trabajo.*

Comience y termine cada sesión con una oración. El formato será el mismo cada semana:

- Conocerse mejor entre participantes
- Contestar las preguntas como base para el diálogo
- Compartir y orar unidos al terminar

Si su grupo tiene más de ocho integrantes, considere la posibilidad de dividirlo en subgrupos de dos a cuatro integrantes cada uno para tratar algunas o todas las preguntas. Considere la conveniencia de dividirlos por tipos de ocupaciones si eso es posible. Si no tiene tiempo para tratar todas las preguntas, seleccione las más pertinentes.

Ofrezca una sesión introductoria para repartir los libros y, si fuere necesario, cobrarlos. En esa sesión asigne la tarea de leer la Semana 1 en sus libros.

Pida a los participantes que traigan sus Biblias a la sesión. Use las Biblias para buscar los pasajes sugeridos. Anime a cada uno a completar fielmente la lección de cada semana y las actividades de aprendizaje relacionadas. Retendrán más de lo que leen si lo hacen los cinco días, tal como se sugiere.

## Sesión introductoria

A medida que los participantes van llegando, dé a cada uno un distintivo y una tarjeta para que escriba su nombre, número de teléfono, lugar de trabajo y ocupación.

Inicie la sesión con una oración. Guíe a los participantes a presentarse a los demás, usando la información que escribieron en las tarjetas. Recoja las tarjetas. Comparta su entusiasmo por este cursillo.

Reparta el libro: *Mi Experiencia con Dios en el Trabajo.* Pídales que se fijen en la Introducción, página 4 y sigan la lectura mientras usted la lee en voz alta. Presente un resumen breve de cada una de las seis unidades, recalcando los objetivos enunciados en la primera página de cada semana. Al prepararse usted, lea la página 3 que da un resumen del contenido del curso.

Anime a los participantes a memorizar el versículo bíblico sugerido cada semana. Sugiera que escriban un diario de oración durante el estudio. Conversen sobre la hora y lugar de las sesiones semanales.

Divida a los presentes en grupos de dos a cuatro personas cada uno para contestar la siguiente pregunta: En su lugar de trabajo, ¿cuál es el desafío más grande que enfrenta usted para conducirse y trabajar como creyente? Dé tiempo para un intercambio de opiniones.

Vuelva a formar el grupo grande. Pida a varios voluntarios que compartan sus respuestas a la pregunta tratada. Asigne la Semana 1 para que la completen antes de la próxima sesión del grupo. Concluya con una oración por el estudio. Pida a Dios que le enseñe sus caminos y propósitos para su vida en el trabajo.

## Sesión uno

Apunte la asistencia a medida que los participantes van llegando. Use distintivos si no se conocen bien.

Empiece con una oración. Reciten juntos el versículo bíblico para memorizar. Pida que digan brevemente cómo eligieron su ocupación actual.

Divídanse en subgrupos si hay más de ocho presentes.

Muestre esta página y pida que uno de cada grupo lea las siguientes preguntas. Si tiene problema de horario, seleccione las preguntas más pertinentes a su grupo.

1. ¿Cómo definiría usted "el reino de Dios"?
2. ¿Qué fue lo más interesante que aprendió de la experiencia de José? Explique.
3. La vida de José, ¿cómo ilustra la verdad de 1 Corintios 1:27-29?
4. ¿Cuál de las tres verdades sobre el reino le resultó más esclarecedora?
5. ¿Cuál es la diferencia entre el programa del mundo y el programa del reino? Use el cuadro que hizo en la página 29.
6. Lea Juan 5:19 y explique cómo Jesús desarrolló su programa cotidiano (p. 22). Repase el ejemplo de Jesús en el lugar de trabajo, p. 21.
7. ¿Cómo es que no existe un trabajo secular para el creyente consagrado?

Vuelvan a juntarse en el grupo grande. Antes del momento para compartir y orar, sugiera que usen un diario de oración para anotar los pedidos de oración y las respuestas. A algunos participantes no les gustará orar en voz alta. Sea sensible a ellos.

Pida a quienes deseen hacerlo que compartan sus inquietudes sobre cómo el programa del mundo influye sobre su lugar de trabajo (p. 13). Solicite que alguien guíe en una oración de despedida.

## Sesión dos

Pase lista. Durante la semana, no deje de contactar por teléfono a los ausentes. Estimule a los participantes a compartir sus opiniones sobre el estudio personal en el libro de trabajo. Anímelos a estudiar cada día y a completar las actividades de aprendizaje.

Guíe en oración para empezar. Digan juntos el versículo para memorizar de esta semana. Pregunte: ¿Qué experiencia en el trabajo esta semana pasada ilustra la necesidad de la presencia y el poder de Dios en su lugar de trabajo?

Dirija una discusión de mesa redonda sobre algunas o todas las preguntas siguientes, o divídanse en subgrupos para tratarlas.

1. ¿Cómo afecta su actitud hacia el trabajo el hecho de que tanto Dios como Jesús son trabajadores?
2. ¿Cuáles de las características de Dios (creador, iniciador, autoridad, sustentador) necesita usted enfocar más para crecer como su colega en el reino?
3. ¿De qué maneras ha mostrado Dios iniciativa en eventos, relaciones e ideas en su vida (p. 39)?
4. ¿Qué experiencias tuvieron Adán y Eva con Dios mientras su relación con él era de colegas?
5. Repase las características de un colega usando el cuadro en la página 49. ¿Cómo se compararía usted con la respuesta de Adán?
6. Lea Juan 15:8. ¿Qué cualidades de una relación de colegas (día 5) ha experimentado usted?
7. ¿Qué cualidades de una relación de colegas son las que menos se dan en su lugar de trabajo?
8. Resuma la intención de Dios para el lugar de trabajo.

Vuelvan a juntarse en el grupo grande. Pida ejemplos que indican que nuestros lugares de trabajo no son lo que Dios quiso. Pregunte: ¿Su trabajo es la experiencia gratificante y satisfactoria que Dios diseñó para nosotros? ¿Por qué sí o por qué no? Después de varias respuestas, pida que digan una manera en que quieren ser mejores colegas de Dios.

Diríjales a escribir estos pedidos en sus diarios de oración y que oren por ellos durante la semana. Concluya dirigiendo una oración pidiendo que cada uno sea receptivo al plan de Dios para su vida.

## Sesión tres

Antes de la sesión prepare en el pizarrón o en una cartulina, un diagrama de la Jerarquía de Necesidades según Maslow. (Vea la siguiente ilustración.)

Comiencen compartiendo una experiencia positiva en el trabajo la semana pasada. Tenga listo su propio ejemplo por si lo necesita para estimular el diálogo. Pase lista. No deje de contactar a los ausentes.

Guíe en oración, dando gracias a Dios por las experiencias positivas en el trabajo. Pídale que los haga sensibles a las maneras como sustenta y protege a cada uno. Digan juntos el versículo para memorizar de esta semana.

Dirija un diálogo basado en las siguientes preguntas o divídanse en subgrupos.

1. ¿Qué consecuencias del pecado original nos siguen afectando en la actualidad? Refiérase a su respuesta en la página 62.
2. ¿De qué tres maneras pervierte el pecado nuestros lugares de trabajo?
3. De la lista que preparó en la página 70, dé ejemplos de cómo el pecado afecta el lugar de trabajo.
4. ¿En qué se ha sentido tentado a comprometer su ética personal de trabajo debido a la influencia del pecado?
5. En nuestro lugar de trabajo, ¿cómo afecta nuestro testimonio el hecho de que participemos en algún pecado?
6. Lea Santiago 4:4. Contraste los dos puntos de vista explicados el día 4. Refiérase al cuadro que hizo en la página 75.
7. Reaccione a esta afirmación: Dejar que algún aspecto de la naturaleza humana domine nuestras vidas siempre lleva al pecado y nos aparta de Dios (p. 80).
8. ¿Qué necesidad dejará usted que Dios supla?

Vuelvan a reunirse en el grupo grande. Muestre el diagrama

de las necesidades según Maslow y guíeles a compararlo con el que dibujaron en la página 77 de sus libros de trabajo. Repasen cada nivel de necesidad. Dirija un diálogo sobre la experiencia de Jesús con el joven rico como un ejemplo de cómo la naturaleza humana domina nuestras vidas e influye sobre nosotros de modo que nos perdemos lo mejor que Dios tiene para darnos.

Llame la atención al plan de salvación en la página 81. Si cree que alguien en su grupo no ha aceptado a Cristo como su Salvador personal, repase los pasos listados en el margen. Propóngase realizar un seguimiento hablando con la persona (o personas) en privado. Anime a los creyentes en su grupo a hacer copias de esa página o consigan tratados evangelísticos para que los participantes tengan y usen en el trabajo. Si le parece apropiado, practiquen en grupos de dos o tres la presentación del plan de salvación.

Presenten pedidos de oración relacionados con las maneras cómo los presentes procurarán dejar que Dios supla sus necesidades. Refiéranse a sus respuestas a la actividad final del día 5. Indique a cada uno que ore por la persona a su derecha, ya sea silenciosamente o en voz alta. Termine con una oración pidiendo fuerzas para confiar que Dios nos dará lo mejor en nuestras vidas de trabajo.

## Sesión cuatro

Antes de la sesión, prepare un cuadro en una hoja de cartulina o papel grande. Titule la columna a la izquierda: "El programa del mundo" y la de la derecha: "El programa de Cristo". En la columna a la izquierda liste los cinco niveles de necesidades de Maslow, una debajo de la otra. Deje en blanco la columna a la derecha.

Empiece con una oración pidiendo que Dios revele su plan para restaurar nuestros lugares de trabajo a fin de que sean como él los quiere. Guíe al grupo a decir los versículos para memorizar. Pregunte: ¿Qué nos dice 2 Corintios 5:17, 19 sobre lo que Dios está haciendo en el mundo? ¿Cómo ha escogido involucrarnos a nosotros en su trabajo?

Dé oportunidad para que los que deseen hacerlo den brevemente un ejemplo de cómo Cristo ha influenciado positivamente sus lugares de trabajo por medio de su mensaje o el ministerio de sus seguidores. Anote a los presentes mientras dan los ejemplos.

Dirija un diálogo sobre la respuesta de Jesús a las tentaciones de Satanás, usando el cuadro que aparece al principio de la p. 86. Luego muestre el cuadro que usted preparó antes de la sesión.

Pida a los participantes que completen la columna a la derecha del cuadro, usando los resúmenes que aparecen en el margen de las páginas 90 y 91. Recalque la confianza de Jesús en que Dios supliría sus necesidades y de que Dios es digno de una confianza absoluta.

Dirija una discusión de mesa redonda sobre algunas o todas las preguntas siguientes, o divídanse en subgrupos.

1. Lea el relato de Zaqueo en Lucas 19:1-10. ¿Cómo cambió Cristo la vida, las relaciones, la conducta y productividad de Zaqueo en su lugar de trabajo?
2. Dé ejemplos personales de cómo Cristo puede cambiar las vidas, relaciones, conducta y productividad en el lugar de trabajo.
3. La promesa en 2 Pedro 1:3, 4 (p. 96) ¿cómo nos alienta a depender de Cristo?
4. Lean juntos Lucas 9:23 (p. 98). ¿Cómo conducen a un lugar de trabajo restaurado los tres pasos identificados en este versículo?
5. Relate el caso de alguien que ha sido como una semilla de mostaza, una suave brisa de la presencia divina o levadura en su vida o en su lugar de trabajo.

Vuelvan a reunirse en el grupo grande. Sugiera que sean visionarios. Pídales que describan qué pasaría en nuestro mundo si cooperáramos con Dios trabajando según el programa de él. Escriba las respuestas en el pizarrón.

Si el horario lo permite pida que los presentes compartan las respuestas a oraciones que se han hecho en las cuatro semanas pasadas. Recuérdeles que anoten las respuestas a las oraciones en sus diarios de oración.

Pida a los participantes que compartan: (1) lo que Dios quiere que yo haga distinto para influir positivamente sobre mi lugar de trabajo, o (2) una preocupación por las personas o los acontecimientos en mi lugar de trabajo. Después de un momento de compartir, dirija una oración pidiendo que Dios use al grupo como sal y luz en su ambiente de trabajo.

## Sesión cinco

Escriba las siguientes palabras en franjas de papel para repartirlas durante la sesión: sin mancha, justo, veraz, honra a Dios, es fiel a su palabra, se niega a recibir soborno y permanece firme.

Pase lista. Digan juntos el versículo para memorizar de esta semana. Guíe en oración pidiendo al Señor que les siga revelando el tipo de carácter que a él le agrada en un trabajador del reino.

Pregunte quién puede mencionar las dos dimensiones en que se cumple nuestra descripción de tareas en el reino (desarrollo del carácter y hacer el trabajo del reino). Enfatice la importancia del carácter como un ingrediente esencial para ser testigos eficaces. Lea Mateo 5:13-16. Repase los propósitos de la sal y la luz y cómo ilustran nuestro papel en el lugar de trabajo.

Quienes deseen hacerlo compartan una experiencia en su trabajo que Dios usó para ayudarles a desarrollar una característica particular de su carácter. Algunos querrán contar lo que el Señor hizo la semana pasada para guiarles en el desarrollo de su carácter.

Guíe una discusión de mesa redonda basada en algunas o todas las preguntas siguientes o divídanse en subgrupos.

1. Contraste las motivaciones del mundo con las motivaciones del reino (p. 109).
2. ¿Cómo se calificó usted en las características enunciadas en Romanos 12:9-21? (p. 110).
3. ¿Por qué es la obediencia la mejor prueba de nuestro amor a Dios?
4. ¿Cómo ilustran los dos ejemplos de la fe de los discípulos, el aumento en su comprensión de lo que significa confiar en Dios?
5. Dé ejemplos personales de la verdad de la fórmula que aparece en la página 112.
6. Relacione cada una de las 5 "P" de una fe práctica con cómo Cristo restaura el lugar de trabajo. Cuente cómo Cristo está usando una o más de las 5 "P" para desarrollar nuestra fe.
7. Explique qué quiere decir "integridad". ¿Cómo va desarrollando integridad una persona?
8. En general, ¿cómo se evaluó usted en la prueba sobre integridad?
9. En sus palabras, ¿cuál es la relación entre amor, fe e integridad?

Vuelvan a reunirse en el grupo grande. Pida a los participantes que abran sus Biblias en el Salmo 15. Reparta, a quienes deseen colaborar, las franjas de papel en que escribió cualidades del carácter. Pídales que expliquen y den una ilustración de lo que incluye desarrollar esa cualidad. Pueden mencionar a una persona que tiene esa cualidad.

Pida a los que deseen hacerlo que compartan una acción o hábito que quieren desarrollar y cómo planean hacerlo (refiérase a la p. 127). Esté preparado para compartir su propio ejemplo si a los demás les cuesta hacerlo. Tenga palabras de aliento y/o comparta una palabra de testimonio sobre la habilidad de Cristo de cambiar vidas.

Dirija un momento de oración basado en inquietudes que han sido expresadas durante esta sesión. En su oración enfoque una persona a la vez hasta haber orado por todas. Dé gracias a Dios por lo que está haciendo en la vida de cada uno y en sus lugares de trabajo.

## Sesión seis

Antes de la sesión, planee cómo quiere encarar el seguimiento de este curso sobre *Mi Experiencia con Dios en el Trabajo*. Si su grupo ha realizado el estudio en el ambiente de la iglesia, considere la posibilidad de empezar grupos que lo estudien en lugares de trabajo para luego seguir funcionando como un grupo de oración allí. Si el suyo es un grupo que estudió el curso en su lugar de trabajo, use el material del día 5 de la semana 6 para organizar un grupo célula. Ore sobre cómo encarar el seguimiento y busque la voluntad de Dios para darle dirección y liderazgo.

Empiece con una oración dando gracias a Dios por las experiencias de las seis semanas pasadas y pidiéndole su dirección al concluir este estudio. Digan juntos el versículo para memorizar de esta semana.

Dé a cada participante la oportunidad de compartir una idea tomada del curso que le ha sido de especial significación o que ha cambiado su vida.

Abrevie el tiempo que por lo general dedica a la discusión de mesa redonda a fin de tener oportunidad de compartir, orar y tener una buena conclusión en grupo al finalizar la sesión. Consiga la colaboración de todos para observar el horario previsto.

Dirija una discusión de mesa redonda basada en algunas o todas las preguntas siguientes o divídanse en subgrupos.

1. ¿Por qué debe la oración ser una estrategia principal en el trabajo del reino?
2. ¿Cuál es su estrategia de oración para su lugar de trabajo?
3. ¿Qué buenas ideas captó del Sermón del monte para ayudarle a entablar relaciones redentoras en su lugar de trabajo?
4. ¿Qué aprendió que le ayudará a tratar con gente difícil en su lugar de trabajo?
5. Nuestro carácter, ¿cómo afecta nuestro testimonio?
6. ¿De qué modo compartirá su fe en su lugar de trabajo?
7. ¿A quiénes identificó en su "red de conexiones"?

Reúnanse nuevamente en el grupo grande. Consiga que los participantes compartan sus planes para seguimiento de este cursillo o guíe un diálogo sobre las opciones que tienen. Antes de partir hoy, asegúrese de tener planes específicos o establezca una fecha para la reunión del grupo célula.

Repase los pensamientos clave de este estudio que aparecen en la página 89. Dé oportunidad para que hagan preguntas y den sus testimonios.

Dedique el resto de la sesión a la oración, ya sea en parejas, grupos pequeños o en el grupo grande, orando unos por otros.

Actividad opcional. Si oran en grupo, coloque una silla vacía en el centro del círculo de sillas. Cada participante, por turno, se sentará en la silla y presentará un motivo final de oración. Haga que tres o cuatro presentes se pongan alrededor de la persona sentada en la silla y oren por el motivo que mencionó. Siga con este procedimiento hasta que cada uno haya orado por todos los demás.

Sería muy positivo tener un pequeño acto de clausura que incluyera:

1. Entregar certificados de participación en el curso.
2. Premiar por participaciones.
3. Participar en un sencillo refrigerio.
4. Concluyan el momento de oración formando un círculo y, tomados de las manos, canten un canto de alabanza, reciten un pasaje bíblico conocido y den testimonios de una sola frase.

# Conozca a los Autores

**MIKE Y DEBI ROGERS,** exmisioneros en Venezuela, viven en Cleveland, Tennessee, Estados Unidos, donde Mike es Director de Misiones de la Asociación Bautista de la región de Bradley y Debi es escritora, agente de bienes raíces, pintora y ama de casa. Los esposos Rogers también cumplen su ministerio a través de *Kingdom Agenda Ministries, Inc.* (Ministerios del Programa del reino), que ofrece cursillos en iglesias, entidades comerciales, universidades y otras organizaciones. Han trabajado con las fuerzas armadas, compañías de bienes raíces, pequeñas industrias, bancos y en el pastorado. Tienen el convencimiento de que Dios anhela movilizar una poderosa fuerza misionera en una vasto campo misionero: ¡el lugar donde cada uno de nosotros trabaja!

Antes de que Mike entregara totalmente su vida a Cristo no tenía la más mínima idea de que Dios estaba involucrado en su lugar de trabajo. Como dice Mike: "No era el tipo de lugar que yo creía que Dios visitara." Después empezó a ver a Dios en acción, influyendo activamente sobre personas y sucesos. Debi encontró en su carrera de vendedora de bienes raíces una oportunidad de testificar y ministrar. Los esposos Rogers esperan que este libro anime a los cristianos a orar unidos para que la voluntad de Dios se cumpla en sus lugares de trabajo.

Mike es graduado de la Universidad Chaminade en Honolulu, Hawaii y del Seminario Teológico Bautista del Sur en Louisville, Kentucky, Estados Unidos. Estuvo en el Cuerpo de la Marina en Vietnam. Debi es graduada de la Universidad Estatal Thomas A. Edison en Trenton, Nueva Jersey, Estados Unidos. Es pintora y ha escrito cuentos cortos, cantos y poemas. Mike y Debi tienen dos hijos ya grandes: Corey y Summer.